Hauptsache Meerblick

*The worst day at the beach
is better than
a good day at work!*

Dieses Buch ist meinem verstorbenen Ehemann gewidmet, der mit seiner Lebensfreude, mit viel Humor und Improvisationstalent mein bester Begleiter im Leben und auf Reisen gewesen ist und der, trotz schwerer Erkrankung, nie seinen Optimismus verlor.

Elke Stern

Hauptsache Meerblick

Beach & Road Stories

Teil 1

Bibliografische Information der Deutschen Nationalbibliothek:
Die Deutsche Nationalbibliothek verzeichnet diese Publikation in der Deutschen Nationalbibliografie; detaillierte bibliografische Daten sind im Internet über http://dnb.dnb.de abrufbar.

© 2017 Name des Autors /Rechteinhabers: Elke Stern

Illustration /Fotografie: Elke Stern

Herstellung und Verlag: BoD – Books on Demand, Norderstedt
ISBN: 978-3-7431-0263-7

Inhaltsverzeichnis

Fernweh-Dialog	Seite 7
Wasser in Sicht	Seite 8
Highway-Hotel	Seite 9
Strandgeflüster 1	Seite 11
Heilig's Blechle	Seite 13
Bettgeflüster 1	Seite 20
Pizza und Lambrusco	Seite 21
Eine Schwarze, eine Blonde	Seite 25
Italien – der Sonne wegen	Seite 27
Strandgeflüster 2	Seite 30
Schwergewichtige Giovanna	Seite 32
Italien – der Sterne wegen	Seite 36
Canossa ist keine Insel	Seite 41
Unbeschadet zurück	Seite 45
Mordsee	Seite 46
Bettgeflüster 2	Seite 49
Gestank oder Wohlgeruch	Seite 50
Abstrakte Kunst	Seite 53
Unglaubwürdig	Seite 55
Verbotenes Terrain	Seite 58
Nette Leute	Seite 65
Erblich bedingt	Seite 68
Die Einladung	Seite 70
Frankreich, Frankreich	Seite 72
Auf Abwegen	Seite 74
Unsichtbare Schönheit	Seite 77
Reise-Dialog 1	Seite 80
Auto zu klein	Seite 82
Wein schmeckt fein	Seite 85
Der Mond von Sete	Seite 87
Du kommst hier nicht rein!	Seite 88
Das Propeller-Problem	Seite 91
Hitze der Großstadt	Seite 93

Wunsch des Wagens	Seite 94
Sie schießen wieder!	Seite 96
Geniale Idee	Seite 99
Charme und Schokolade	Seite 105
Kolossale Fassungslosigkeit	Seite 107
Frischer geht nicht	Seite 109
Nur zwei Produkte	Seite 112
Hund, Maus und Elefant	Seite 116
Naturgewalt	Seite 119
Rotwein für Alle	Seite 122
Reise-Dialog 2	Seite 124
Der letzte Tag	Seite 125
Das Diesel-Mobil	Seite 126
Brot-Debakel von St. Tropez	Seite 131
Wind-Problem	Seite 134
Bettgeflüster 3	Seite 137
Der Anruf	Seite 138
Vom Atlantik zum Mittelmeer	Seite 139
Reise-Dialog 3	Seite 140
Rette Frauchen	Seite 141
Sketch on the Beach	Seite 144
Bettgeflüster 4	Seite 149
Purer Luxus	Seite 150
Kunst und Düfte	Seite 152
Glück gehabt	Seite 156
Die Stechmücke	Seite 157
Wie kann man nur…	Seite 161
Zugabe:	
Ute von der Route	Seite 162
Ein Wort zu den Fotos	Seite 166
Beginn der Foto-Dokumentation	Seite 167

Fernweh-Dialog

Schatz: „Du, ich höre es schon."

Ich: „Was hörst Du denn?"

Schatz: „Das Rufen!"

Ich: „Welches Rufen?"

Schatz: „Du solltest es eigentlich auch hören."

Ich: „Was? Das Rufen?"

Schatz: „Ja. Es ist sehr deutlich."

Ich: „Leise oder laut?"

Schatz: „Es wird immer lauter."

Ich: „Wer sollte denn da rufen?"

Schatz: „Das Meer!"

Ich: „Ach, sag bloß. Und, was ruft das Meer?"

Schatz: „Kommt schnell hierher!"

Ich: „Ja, jetzt höre ich es auch. Was kann man da machen?"

Schatz: „Dem Ruf folgen! Wir fahren über Ostern in den Süden!"

Ich: „Gute Idee! Aber morgen ist ja schon Grün-Donnerstag!"

Schatz: „Richtig! Wir fahren morgen los! Dann sind wir nämlich noch vor der großen Reisewelle, die am Karfreitag einsetzt, am Strand."

Ich: „Dann gehe ich jetzt Auto einräumen und Betten beziehen!"

Wasser in Sicht!

Das bittere Leben manch anderer Geschäftsinhaber trifft auch uns: mit einem geschlossenen Geschäft lassen sich keine Geschäfte machen, der Verlust von Einnahmen ist das Ergebnis. Aus diesem Grund ist nur ein Kurzurlaub möglich. Aber immerhin: acht Tage raus, in die Sonne, ans Wasser.

Am Donnerstag früh, nachdem wir auch die Lebensmittel noch im Kühlschrank untergebracht haben, starten wir unsere Tour Richtung Italien. Nur noch wenige Stunden bis zur toscanischen Küste. Wir können es kaum erwarten, denn, es ist warm südlich der Alpenregion, sehr warm, eigentlich sogar heiß! Der kleine Ventilator in der Fahrerkabine ist zwar sehr bemüht, die Temperatur im Fahrzeug angenehmer zu machen, bleibt jedoch ziemlich erfolglos und verwirbelt nur die Luft. Erstes Aufatmen, sobald wir die Küstenregion erreichen, dann noch wenige Meter, zweimal abbiegen und …
„Wir sind daaaa!" ruft Schatz, während er den Wagen parallel zum Strand abstellt.

Unsere Hündin Sunny hat ihren Schlafplatz verlassen und wartet, dass ich endlich die Türe öffne. Damit sie nicht direkt aus dem Wagen springt, mache ich also erstmal den oberen Teil der Seitentüre auf. Sunny sieht nach draußen, erblickt das Meer und ist vor Freude kaum mehr zu halten. Sie quiekt, macht wilde Luftsprünge und freut sich, als würde sie uns sagen wollen: „Seht nur dort: Wasser in Sicht!"

Ein solches Verhalten haben wir zuvor bei ihr noch nie erlebt, aber in diesem Moment wird uns klar: Sunny ist eine richtige 'Wasserratte'. Und somit haben wir auch von tierischer Seite die Bestätigung: wir müssen noch viel öfter ans Meer fahren!

Highway-Hotel

Der Wetterbericht hat nicht gelogen und wie von uns erhofft, können wir unseren ersten Urlaubstag an der See bis in den späten Nachmittag im Freien verbringen, am Wasser spazieren gehen, mit dem Hund zwischen den Dünen toben oder einfach nur in der Sonne sitzen.

Glücklich und zufrieden stellen wir - mehrfach an diesem Tag - gemeinsam fest, dass unsere Entscheidung, dieses Wohnmobil zu kaufen, vollkommen richtig war. Wir sind zwar noch nicht perfekt ausgestattet, aber so lässt es sich erst einmal leben, ist unser Resümee.

Auch unsere Hündin Sunny, ein Bernersennen-Mix, freut sich, dass sie endlich in einem - ihrer Größe angemessenen - Auto ausreichend Raum findet und sich nicht mehr mit dem engen Rücksitz des PKW begnügen muss. Von nun an liegt sie während unserer Fahrten immer im Fußbereich des Fahrerraumes, den Kopf bequem auf der Stufe zwischen Wohnbereich und Fahrerkabine abgelegt, genau dort, wo die Vibrationen des Dieselmotors am besten zu spüren sind. Sobald der Motor jedoch gedrosselt wird, weil wir einen Parkplatz, eine Tankstelle oder unser Ziel erreichen, steht sie auf, blickt aus dem Fenster, um zu prüfen, wo wir sind und ob wir uns bereits am Meer befinden.

Am Abend gibt es selbstverständlich, weil wir ja in Italien sind, ein Spaghetti-Gericht, dazu Rotwein, den wir auf dem Weg hierher noch eingekauft haben. Wir reden und reden, während es draußen dunkel wird. Schatz hat mittlerweile eine Liste begonnen und notiert Dinge, die uns im Auto noch fehlen: FAHRTENBUCH, KLEBEBAND, SCHMUTZFANGMATTE, KERZEN, KERZENHALTER, TEELICHTER, SPIELKARTEN, SCRABBLE-SPIEL.

„Sollen wir jetzt mal testen, ob wir in unserem Hochbett überhaupt schlafen können" fragt Schatz zu vorgerückter Stunde. „Gute Idee!" ist meine Antwort, während ich bereits beginne, die Schuhe auszuziehen. „Ich liege hinten" gebe ich lachend von mir und klettere die drei Sprossen der Metall-Leiter hoch, um das Bett im Alkoven zu erreichen. Kurz darauf krabbelt auch Schatz nach oben. Dank der Fenster an allen drei Seiten unseres Alkovens haben wir von hier oben einen tollen Überblick. „Das ist doch genial" höre ich meinen Liebsten schwärmen „genau so habe ich mir das vorgestellt: von meinem Bett aus kann ich das Wasser sehen, das Rauschen des Meeres und die Möwen hören. So muss das sein!" Ich gebe ihm Recht: dieses Erlebnis lässt sich kaum steigern.

Inzwischen liege ich auf dem Rücken und kann jetzt sogar den Sternenhimmel durch das Fenster sehen. Eingekuschelt in meine Bettdecke lasse ich Gedanken kommen und gehen. Eine Fernseh-Serie aus meiner Kindheit kommt mir in den Sinn: ‚Urmel aus dem Eis', gespielt von der Augsburger Puppenkiste. Der Waran namens ‚Wawa' bewohnt eine große leere Muschelschale, deren obere Hälfte sich öffnen und schließen lässt. Sein Freund ‚Ping', der Pinguin ist allerdings etwas neidisch auf diese besondere Behausung und legt sich selbst gerne dort hinein, sobald Wawa nicht da ist. Der Pinguin hat, wie alle Tiere in dieser Sendung, einen liebenswerten Sprachfehler: er kann die Buchstaben ‚sch' nicht aussprechen und ersetzt diese stattdessen mit ‚pf'. Spontan zitiere ich einige Zeilen aus der Story und ahme den Sprachfehler nach:

„Und die Sonne geht auf und unter und zieht über mich hinweg.
Und der Mond geht auf und unter und zieht über mich hinweg.
Und die Sterne gehen auf und unter und ziehen über mich hinweg.
Und ich liege in meiner Mupfel…eine pföne Mupfel ist das hier.
Komm Pfatz, lass uns kupfeln!"

Schatz blickt mich zunächst irritiert an, bis er versteht, was meine Worte bedeuten und bricht dann in lautes Lachen aus. Seit diesem Augenblick nennen wir unser Wohnmobil - in albernen und kindlichen Momenten - Reise-Mupfel; ansonsten bekommt es den Namen Highway-Hotel.

Strandgeflüster

Ich: „Wer war das?"

Schatz: „Was ist passiert?"

Ich: „Die Schokolade liegt in der Sonne und ist total geschmolzen."

Schatz: „Meine Schuld. Habe vergessen, sie wieder in den Kühlschrank zu legen. Überhaupt: es ist alles MEINE Schuld. Ich nehme Alles auf mich - egal, was passiert."

Ich: „Auch, wenn ich vergesse, nachts das Fenster zu schließen?"

Schatz: „Meine Schuld!"

Ich: „Und wenn irgend etwas am Auto kaputt geht?"

Schatz: „Meine Schuld!"

Ich: „Wenn wir während des gesamten Urlaubs nur Regen haben?"

Schatz: „Auch meine Schuld!"

Ich: „Das ist ja praktisch!"

Schatz: „Gilt aber nur für dieses Jahr."

Ich: „Und dann?"

Schatz: „Im kommenden Jahr ist dann Alles DEINE Schuld."

Ich: „Wenn Du während Reparaturarbeiten Deine neues Hemd ruinierst?"

Schatz: „Deine Schuld!"

Ich: „Wenn wir uns während der Reise verfahren?"

Schatz: „Du bist schuld."

Ich: „Wenn der volle Kaffeebecher umfällt?"

Schatz: „Ist dann DEINE Schuld."

Ich: „Damit könnte ich leben."

Schatz: „Ein Jahr später habe ICH dann wieder die General-Schuld für alle Missgeschicke, die passieren."

Ich: „Geniale Lösung; so machen wir das!"

Fortan wurde bei uns nie wieder darüber diskutiert, wer warum was falsch gemacht haben könnte. Gedankenloses Tun oder irrtümliches Handeln, dummes Verhalten oder absurde Allüren sind damit zwar nicht ausgeschlossen, bieten aber keinen Grund mehr, darüber zu streiten. Es funktioniert wirklich!

Heilig's Blechle

Urlaub macht müde. Ein schöner Luxus, den wir an unseren Urlaubstagen in Anspruch nehmen ist: Mittagsschlaf. Auch an diesem Oster-Sonntag beschließen wir gegen 13.00 Uhr eine Mittagspause und liegen kurze Zeit später bereits in unserem Alkoven-Bett. Durch Zufall haben wir vor drei Tagen diesen schönen Lido an der toskanischen Küste gefunden und parken an der Uferstraße, mit Blick auf das Meer und den Sandstrand.

Die etwa zwei Kilometer lange Chaussee besteht aus zwei Fahrbahnen, die in der Mitte durch einen schmalen Grünstreifen getrennt sind. Die Straße leitet den Autofahrer zunächst an der so genannten ‚Fressmeile' mit Cafés, Restaurants und Shops vorbei, um ihn dann, durch die Wendeschleife am Ende der Promenade, auf die Fahrspur in entgegen gesetzter Richtung zu führen, welche dann genau parallel zum Strand verläuft. Auf der gesamten Strecke sind neben der Fahrbahn ausreichend Parkflächen eingezeichnet. Es ist Anfang April und somit noch keine Saison für Langzeit-Touristen. Außer uns parken auch nur drei bis vier weitere Wohnmobile und ein paar PKW auf den dafür vorgesehenen Flächen. Während ich mir vorzustellen versuche, wie es hier wohl in den Sommerferien zugehen mag, fallen mir die Augen zu und selig befinde ich mich schon im Schlummerland.

‚Peng' - eine Autotür knallt zu. ‚Peng' – das Geräusch einer weiteren Autotüre. Dann noch einmal, nur heftiger: ‚Plopp' und wieder ‚Plopp'. Kurze Zeit später werden zwei weitere Autotüren zugeschmettert. Stimmengewirr setzt ein, von dem ich allerdings nur Bruchstücke verstehen kann. „Buon giorno, Franco. Buon giorno, Bella mia. blablablablablabla „Ahh, la mare! blablabla", „Pineta blablablablabla", „blablabla domenica" "blablabla Mama" Kindergejammer ergänzt die Geräuschkulisse und ein heftiges „blablabla basta!". An Schlaf ist nicht mehr zu denken und ich sehe, dass es meinem Schatz genauso geht. Wir grinsen uns an und er meint „Sehr temperamentvoll, diese Italiener!" „Das wird doch wohl nicht ein ganzer Reisebus sein?" versuche ich die Situation, ohne sie sehen zu können, weil die Rollos an den Fenstern geschlossen sind, einzuschätzen. „Nicht einer! Eine ganze Busflotte scheint das zu sein!" entgegnet Schatz amüsiert.

Wieder das ‚Blech-trifft-Blech-Geräusch' - aha, eine Autotüre wird zugeknallt - und noch eine mit lautem ‚Peng'. Währenddessen draußen weiter parliert wird, begleitet durch viel Gelächter und ‚Peng' (noch mal eine Autotüre). „Oh, heilig's Blechle!" stöhne ich „was machen die da bloß?" „Mach Dir keine Gedanken" versucht Schatz mich zu beruhigen, „alles ganz normal. Wir sind hier in Italien!"

Na gut, denke ich, dann eben heute keine Mittagspause, verlasse das Bett, ziehe meine bequeme Freizeitkleidung wieder an und öffne die Rollos, um die vermutliche Reisebusflotte sehen zu können. „Duuuu, Schaaaatz! Da ist kein einziger Reisebus angekommen" verkünde ich verwundert, als ich sehe, dass lediglich zwei PKW vor unserem Fahrzeug parken; drum herum versammelt die - offensichtlich - gesamte Familie, bestehend aus Oma, Opa, der erwachsenen Tochter (Mama) mit ihrem Mann (Papa), deren drei Kinder im Alter zwischen fünf und zehn Jahren (Brüderchen, Schwesterchen und großer Bruder) sowie vier weitere erwachsene Personen (ich vermute, es handelt sich um Onkel und Tante sowie Cousin und Cousine). „Verblüffend, wie viel Lärm so ein paar Leute machen können" stelle ich fest. „Ach, ist gleich vorbei, wenn sie alle zum Strand gehen" beruhigt Schatz mich.

„Glaubst Du wirklich daran, dass die zum Strand gehen? Sieh nur mal, wie sehr die Frauen sich ‚herausgeputzt' haben, richtig festlich gekleidet, sogar mit Kostüm und eleganten Pumps; mit solchen Stilettos geht doch niemand an den Strand…" konstatiere ich und fühle mich in meiner bequemen Urlaubskleidung etwas deplatziert, bestaune jedoch etwas neidvoll die wunderschönen hochhackigen Schuhe der Frauen. „Warte nur ab" antwortet Schatz wieder und wir verfolgen gespannt den Fortgang der Szene.

Onkel fällt ein, dass er eine Zigarette rauchen möchte, öffnet die Türe seines PKW, holt die Tabakwaren aus dem Fahrzeug und wirft danach mit einem ‚Peng' die Türe zu. Nachdem er sich eine Zigarette zwischen die Lippen gesteckt hat, natürlich nicht, ohne seinen Redefluss zu unterbrechen, bemerkt er, dass sein Feuerzeug noch im Auto liegt. Autotür auf, Feuerzeug raus, ‚Peng'. Autotür wieder zu.
Zeitgleich erteilt Brüderchen seiner Schwester eine Ohrfeige; nicht fest, sondern einfach nur, um sie zu provozieren. Schwesterchen ist sauer und reagiert mit einem Tritt gegen sein Schienbein, was bei Brüderchen nun aggressives Verhalten, gepaart mit hysterischem Geschrei, auslöst. Der große Bruder ist völlig genervt, macht Autotüre auf, setzt sich gelangweilt ins Fahrzeug und ‚Peng' knallt Autotüre zu.

Oma, die mich in ihrem hellblauen Kostüm und der auffälligen, aber gut gewählten Kopfbedeckung leicht an Queen Elisabeth von England erinnert, sucht etwas in ihrer Handtasche, spricht mit Opa, der sich daraufhin Richtung Kofferraum des hinteren Autos begibt: Kofferraumdeckel auf; durchsucht den Kofferraum, blickt zwischendurch immer wieder auf, um am Gespräch der anderen Familienmitglieder teilzunehmen, findet schließlich das Gesuchte und gibt es Oma. ‚Plopp' Kofferraumdeckel zu!

So geht es eine ganze Weile. Schatz und ich amüsieren uns mittlerweile köstlich und wie gebannt setzen wir unsere Studie zum Thema ‚menschliches Verhalten am Lido' fort. Inzwischen können wir - nur aufgrund des hörbaren Geräusches - erkennen, ob eine Seitentüre oder ein Kofferraumdeckel zugeschlagen wird: Seitentüren klingen wie ‚Peng', Kofferraumdeckel eher wie ‚Plopp'.

Nach etwa fünfzehn Minuten scheint es so, dass man nun bereit ist, an den Strand zu gehen (auch großer Bruder, nun mit einem Fußball im Arm, hat das Auto wieder verlassen, natürlich mit lautem ‚Peng' beim Zuschmeißen der Türe) und der ganze Pulk entfernt sich gemächlich von den Autos am Straßenrand. Schwesterchen, jetzt wieder große

Dame mimend, trägt stolz ihre Barbiepuppe und so allerlei Puppenzubehör in ihren kleinen Händen und Brüderchen streitet sich mit großem Bruder um den Ball. Mama tut einen prüfenden Blick zum Himmel und stellt fest, dass es möglicherweise bald regnen könnte. Daraufhin tritt Papa den Rückweg zu seinem geparkten Fahrzeug an (Gott sei Dank sind es nur etwa zehn bis zwölf Schritte), schließt den Kofferraum auf, hebt den Kofferraumdeckel hoch und blickt ratlos in den Gepäckraum seines Wagens, bis er den Schirm findet, diesen triumphierend in die Höhe hält, damit Mama sehen kann, dass er ihn gefunden hat, schmeißt mit dem typischen dumpfen Blechgeräusch den Deckel zu und eilt dem Rest seiner Familie hinterher.

Zwischenzeitlich hat Opa sich seines Mantels entledigt; ist doch zu warm heute; nee, nicht über den Arm hängen; lieber ins Auto legen, und so begibt auch er sich zurück zu seinem PKW, hat aber mittlerweile schon mehr als zwanzig Meter zu laufen, begegnet unterwegs Papa, der ihm wild mit den Armen fuchtelnd ein paar Worte zuruft und erreicht schließlich sein Fahrzeug. Seitentüre aufschließen, Türe öffnen, Mantel rein werfen, Türe zuwerfen ‚Peng'. Greift sich mit der Hand an die Stirn, ah ja, da war noch was: Türe wieder auf, Oberteil von Opa verschwindet im Fahrzeug, taucht wenige Augenblicke später wieder auf, die lederne Kameratasche mit dem langen Tragegurt hängt er sich nun quer über seinen Oberkörper, schmeißt Türe (mit dem nun schon bekannten Geräusch) zu und beginnt, dem Rest der Familie, so schnell es geht, zu folgen. Wer schon einmal durch eine Dünenlandschaft mit trockenem, weichem und tiefem Sand gestapft ist, weiß, dass jeder Schritt mühsam und ein schnelles Fortkommen kaum möglich ist.

Auf halbem Weg kommt ihm, die vormals perfekt frisierte Cousine entgegen, mit mittlerweile vom Wind völlig zersausten Haaren, man sieht ihr an, dass ihr das Laufen mit den Stöckelschuhen im Sand keinen Spaß macht, aber die Frisur, die Frisur… Am Auto eingetroffen, öffnet sie die Türe und setzt sich hinein und ‚Peng' - Türe zu. Aha, denke ich, hat sich wohl entschlossen, im Wagen zu bleiben. Falsch gedacht, denn Cousine öffnet nach zwei Minuten die Türe des Autos, steigt mit größtmöglicher Grazie aus; ein großes Kopftuch mit buntem Blumenmuster verhüllt nun ihre Frisur; prüfend wirft sie einen letzten Blick in den an der Autotüre befestigten Außenspiegel, ist offensichtlich mit dem Ergebnis zufrieden, wirft Türe zu - ja, genau mit diesem Ton der zuknallenden Seitentüre!, hält Ausschau nach dem Rest der Familie am Strand und macht sich sogleich - laut fluchend - auf den beschwerlichen Weg mit Stöckelschuhen durch den Sand dem Meer entgegen.

Schatz und mir laufen bereits die Tränen vor Lachen. „So, jetzt ist aber wirklich Ruhe. Ich denke, nun haben sie es endlich geschafft" sage ich hoffnungsvoll zu meinem Schatz.

Aber nein, man mag es kaum glauben, was ist das denn? Onkel! Ja, auch Onkel befindet sich nun plötzlich auf dem Rückweg zum Wagen, den Regenschirm, welchen Papa noch vor wenigen Minuten holen musste, hat er locker über seinem gebeugten Arm hängen. „Aah" bemerke ich lachend, gibt wohl doch keinen Regen!"

Onkel hat jetzt aber schon eine Wegstrecke von mehr als fünfzig Meter zurückzulegen und ich bedaure ihn etwas. Er erreicht sein Fahrzeug, schließt Kofferraum auf, legt Schirm hinein, schmeißt Kofferraumdeckel mit lautem ‚Plopp' zu, geht zur Seitentüre und öffnet diese, setzt sich hinein und lässt Türe offen stehen. „Huch, was ist jetzt los? Das ist ja wohl kein echter Italiener oder?" amüsiert sich Schatz noch, während das deutlich hörbare ‚Peng' uns zu erkennen gibt: Jetzt: Türe zu!

Wir rätseln, was Onkel wohl in seinem Fahrzeug machen wird und haben die verrücktesten Theorien, noch immer mit Lach-Tränen im Gesicht und Muskelkater im Bauch. Nach wenigen Minuten öffnet sich die Autotüre wieder, Onkel tritt auf die Straße. „Oh, sieh mal" und ich stupse meinem Schatz in die Seite „an so etwas hatten wir gar nicht gedacht in unseren Überlegungen". Onkel trägt in der linken

Hand eine bereits geöffnete Flasche Vino Rosso, mit der anderen Hand balanciert er einen Stapel Pappbecher, besorgt darauf achtend, dass der mittlerweile stark auffrischende Wind die Becher ihm nicht entreißen möge. Schwungvoll und sportlich kickt er mit seinem rechten Fuß die Autotüre (Peng!) zu, verharrt eine Sekunde: oh, abschließen... geht nicht, weil keine Hand frei, klemmt sich die Pappbecher unter den linken Arm, da er ja in der Hand dieses Armes bereits die Weinflasche hält, - nein es wird kein Wein verschüttet! - zieht den Autoschlüssel aus der Hosentasche und verschließt das Fahrzeug.

Jaaa, es kommt, wie zu erwarten war: leider, leider haben sich die meisten der Pappbecher verselbständigt, sind zu Boden gegangen und vollführen nun, angespornt durch den Wind, einen wilden Tanz über die gesamte Straßenbreite. Nachdem Onkel den Autoschlüssel in der Hosentasche versenkt hat, nimmt er die verbliebenen Becher in seine nun wieder freie rechte Hand, prüft grob die Stückzahl der restlichen Trinkgefäße und beschließt, dass drei Becher reichen müssen. Suchend hält er Ausschau nach dem Rest seiner Familie, die nur noch als Winzlinge in wenigstens zweihundert Metern Entfernung auszumachen sind und begibt sich abermals auf den Weg Richtung Wasser. Ich bin nicht sicher, ob die Weinflasche noch voll ist, als er dort eintrifft...

„Hah! Endlich geschafft! Wird auch Zeit! Ich kann nicht mehr" pruste ich mit letzter Kraft heraus und bin um Fassung bemüht, breche aber direkt wieder in Lach-Gebrüll aus, als es - dieses Mal hinter unserem Wohnmobil - abermals laut ‚Peng', ‚Peng', kurze Pause und … ‚Plopp' macht.

Tagestouristen kommen und fahren wieder, manche zeigen ähnlich auffälliges Benehmen wie soeben beschrieben, andere sind weniger extrem.

Übrigens: auch in Deutschland ist das Autotüren-Phänomen zu finden. Insbesondere bei Wohnmobil-Reisenden, die einen Kastenwagen mit seitlicher Schiebetüre fahren (das Geräusch dieser Türen übertrifft Alles!). Aber das ist eine andere Geschichte.

Wir haben jedenfalls unendlich großen Spaß über den gesamten Nachmittag und versuchen vorauszuahnen, wer wie oft seine Autotüren öffnen und zukrallen wird.

Meine Anerkennung gilt jedoch den außerordentlich modebewussten italienischen Frauen. Soviel Stil und Eleganz bei einem Strandspaziergang habe ich bisher in keinem anderen Land feststellen können.

Um dem zu erwartenden Touristenansturm am Ostermontag zu entgegen, fahren wir an diesem Tag ins Landesinnere, erkunden dort die wunderschönen Landschaften der Toscana und besichtigen die Stadt Pisa mit dem schiefen Turm.

Bettgeflüster 1

Ich: „Hiiiiiilfe!"

Schatz: „O Gott, was ist passiert?"

Ich: „Ein Tier!"

Schatz: „Musst Du mich deswegen so erschrecken?"

Ich: „Ein großes Tier!"

Schatz: „Wo denn?"

Ich: „Dort, am Fenster."

Schatz: „Ich sehe nichts."

Ich: „Doch, sieh nur. Gleich fällt es über mich her."

Schatz: „Ach, ist bestimmt eine kleines Spinnchen."

Ich: „Ich will es nicht so genau wissen."

Schatz: „Wie viele Beinchen hat es denn, das Tier?"

Ich: „Keine Ahnung. Ich will mir das nicht ansehen."

Schatz: „Ich sehe immer noch nichts."

Ich: „Hilfe, es greift mich gleich an!"

Schatz: „Ich sehe mir das mal aus der Nähe an."

Ich: „Nicht gucken - nur wegmachen!"

Schatz, bewaffnet mit einem Papiertaschentuch, muss nun unter seiner Bettdecker hervor und zum Fenster am Fuß-Ende kriechen.

Schatz: „Mein Gott! So ein kleines Spinnchen. Ich schenke ihr mal die Freiheit."

Pizza und Lambrusco

Regen, nichts als Regen, schon seit gestern. Sicher, Regen ist gut und wichtig, aber muss es denn so ‚kübeln'? Und ausgerechnet jetzt, wenn wir nur ein paar freie Tage haben und diese in der Sonne verbringen wollen? Ach, das Leben kann so ungerecht sein!

Mit unseren Hund müssen wir ja zwangsläufig hin und wieder vor die Türe gehen, trotz des Regens. Unsere Regenjacken, Jeans, Schuhe und die Handtücher, mit welchen wir uns - nach dem Aufenthalt im Freien - wieder zu trocknen versuchen, sind durchnässt. Alles im Auto fühlt sich feucht und klamm an. Weltuntergangs-Stimmung breitet sich aus.

Schatz hat die rettende Idee: „Sollen wir heute mal, ausnahmsweise, auf einen Campingplatz fahren? Dort können wir den elektrischen Heizlüfter einschalten, damit wir unsere Klamotten und das Auto wieder trocken bekommen." „Ja, lass uns das mal machen" antworte ich, nehme den Campingführer zur Hand, um einen geeigneten Platz in der Nähe zu suchen und werde fündig: „Camping EUROPA, für Zelte, Wohnwagen und Wohnmobile geeignete Plätze, mit Allem, was das Camperherz erfreut; hat ganzjährig geöffnet und sogar ein Restaurant" lese ich meinem Schatz die Beschreibung aus dem Campingführer vor. „Auch der Name ‚Camping Europa' klingt gut: international und weltoffen" füge ich noch hinzu. „Also dann! Los geht's!" meint Schatz und startet den Wagen.

Nach wenigen Minuten erreichen wir den Campingplatz. Anmeldung unkompliziert. Der Preis für den geräumigen Platz am Rande des großen Areals ist nicht zu teuer, Stromanschluss und Nutzung der Sanitärräume inklusive. Nicht schlecht, lautet unser Fazit. Schatz schließt, immer noch in strömendem Regen, das Stromkabel an. „Ahh, Strom geht. Komm schnell wieder rein" rufe ich nach draußen, nachdem ich den Kühlschrank auf Stromversorgung eingeschaltet habe. Nun können wir endlich den Heizlüfter einschalten und uns aufwärmen.

Gegen Abend wird der Himmel wieder klarer und der Regen lässt nach. Wir machen einen Rundgang über den Campingplatz und entdecken die kleine Pizzeria. „Hunger?" fragt Schatz, als er bereits die Türe öffnet. „Klar doch!" entgegne ich und freue mich auf einen trockenen Sitzplatz. Das Restaurant ist relativ klein und der Pizza-Ofen strahlt eine gemütliche Wärme aus. Wir sind die einzigen Gäste; es ist eben noch keine Saison. Der Restaurantbetreiber, Pizza-Bäcker und Servicekraft in einer Person, ist hocherfreut, als er uns sieht und beginnt sofort, nach Italiener-Art auf uns einzureden. Wir bestellen zweimal Pizza Quattro Formaggi und eine Karaffe Lambrusco. Wir reden und reden und sind glücklich mit uns und unserem Leben. Als uns die herrlich duftende Pizza serviert wird, ist die erste Karaffe Rotwein bereits geleert und wir müssen nachbestellen, weil wir ja unsere Pizza nicht trocken essen wollen…

Und die Pizza ist - im wahrsten Sinne des Wortes: göttlich! Nie haben wir bessere Quattro Formaggi gegessen. Der Wein schmeckt ebenfalls köstlich. Mit anderen Worten: wir sind rund herum zufrieden. Das Leben ist schön. Nach bezahlen der Rechnung schlendern wir, ziemlich angeheitert, zurück zu unserem Fahrzeug und haben bald darauf einen seligen Schlaf und die Erkenntnis: Campingplatz kann auch seine guten Seiten haben!

Ein halbes Jahr später, als wir längst wieder zu Hause sind, findet folgendes Gespräch statt:

Schatz: „Ich könnte mal wieder."

Ich: „Was denn?"

Schatz: „Pizza essen."

Ich: „Okay, dann lass uns Pizza bestellen."

Schatz: „Glaubst du, die würden liefern?"

Ich: „Klar. Machen die doch immer."

Schatz: „Trotz der Entfernung?"

Ich: „Das ist doch gar nicht weit."

Schatz: „Schön, dass Du das auch so siehst."

Ich: „Soll ich jetzt bestellen?"

Schatz: „Ich bezweifle, dass die liefern werden."

Ich: „Was soll ich Dir denn bestellen?"

Schatz: „Quattro Formaggi, wie immer."

Ich: „Von Pizzeria ‚Alfonso' oder von ‚Luigi'?"

Schatz: „Weder von Alfonso noch von Luigi."

Ich: „Von wem sonst?"

Schatz: „Von Viareggio!"

Ich: „Nee, die liefern sicher nicht bis hierher!"

Schatz: „Ich habe es befürchtet. Und wenn ich darauf bestehe?"

Ich: „Worauf willst Du bestehen?"

Schatz: „Auf Pizza aus Viareggio!"

Ich: „Warum?"

Schatz: „Weil die Pizza dort am allerbesten schmeckt!"

Ich: „Da gebe ich dir Recht."

Schatz: „Und der Lambrusco auch!"

Ich: „Stimmt! Wenn es nur nicht so weit weg wäre."

Schatz: „Vorhin sagtest Du, es ist gar nicht weit."

Ich: „Da sprach ich doch nicht von Viareggio."

Schatz: „Aber ich! Ich will jetzt Pizza!"

Ich: „Okay. Dann fahre ich jetzt Pizza holen."

Schatz: „Ich komme mit!"

Eine Schwarze, eine Blonde

Einen Moment nicht aufgepasst und ‚zack' bin ich gestürzt; fühle ein ganz gemeines Knacken und einen unbeschreiblichen Schmerz im Fußgelenk; Diagnose im Krankenhaus: Sprunggelenk gebrochen! So ein Pech aber auch! Ich bin untröstlich, aber hilft ja nichts: passiert ist passiert.

Es folgen Klinik-Aufenthalt, Operation, Gipsfuß und die Anweisung der Ärzte, den Fuß drei Monate nicht zu belasten und mich nur mit Gehhilfen (also Krücken) fortzubewegen. Drei Monate! Das sind 12 lange Wochen! Ich bin fassungslos. Aber nützt ja nichts: ist nun mal passiert.

Nach zwei Wochen bin ich schon recht geschickt mit den Gehhilfen unterwegs. Nach vier Wochen kann ich mich bereits richtig flott bewegen und unterstütze meinen Schatz bei der Arbeit, so gut es eben geht, mit einem Humpelbein. Nach sechs Wochen bin ich den Gipsfuß überdrüssig und werde ungeduldig. Nach 2 Monaten bin ich den Gips zwar los, aber ein fester Verband und die ärztliche Vorschrift, den Fuß nicht belasten dürfen, machen mich unzufrieden und ich bin völlig genervt. Nach 10 Wochen bin ich schlecht gelaunt und unerträglich, so dass mein Schatz beschließt, wir müssen mal wieder etwas unternehmen. In der zwölften Woche starten wir mit unserem Wohnmobil Richtung Süden. Unser Ziel ist, wie bereits im Vorjahr, Italiens Mittelmeerküste in der Toskana.

Mein Platz ist eigentlich auf der Beifahrerseite. Nur wegen dem blöden verletzten Fuß verfrachtet mein Schatz mich heute auf die Sitzbank im Wohnbereich unseres Fahrzeugs. Dort kann ich, nach Belieben, sitzen oder liegen, kann die Beine hoch lagern und die Knochen gesunden lassen. Ich habe es verdammt gemütlich in den kommenden Stunden.

Unsere Hündin Sunny liegt, wie immer während der Fahrt, im Fußbereich des Fahrerraumes.

Da wir früh gestartet sind, erreichen wir bereits am Mittag den Grenzübergang zwischen der Schweiz und Italien. Mein Schatz stoppt das Fahrzeug. Unsere Hündin erwacht, schaut sich um und bemerkt, dass ausnahmsweise der Beifahrersitz frei ist, nutzt diese Gelegenheit schamlos aus und erklimmt den freien Sitzplatz, und schauspielert die perfekte ‚Beifahrerin'.

Der Grenzbeamte kontrolliert kurz die Papiere, schaut in das Fahrzeug-Innere und bemerkt dann lachend: „ Ah, eine Schwarze, eine Blonde und der Fahrer. Vielen Dank und gute Reise!"

Guter Laune setzen wir unsere Fahrt fort und erreichen bald unser Ziel. Die zwölfte und letzte Woche mit dem verletzten Fuß wird, obwohl ich keinen Spaziergang am Strand machen kann, auch die schönste: wir verbringen ein paar unvergessliche Urlaubstage unter Italiens Frühlingssonne.

Und wir können nicht widerstehen: direkt zu Beginn des Urlaubs gibt es wieder Pizza Quattro Formaggi und Lambrusco auf dem Campingplatz und, ein weiteres Mal, bevor wir wieder nach Hause fahren. Während der Fahrt höre ich von meinem Schatz: „Weißt Du was? Pfingsten fahren wir noch einmal hierher. Dann kannst du auch wieder richtig laufen. Und so viele Kilometer bis hierher sind es ja gar nicht."

Und tatsächlich: keine sechs Wochen später treffen wir wieder am Lido ein; Gipsfuß ist vergessen, die Sonne strahlt und wir auch.

Italien – der Sonne wegen

Schatz: „Au!"

Ich: „Was ist jetzt passiert?"

Schatz: „Autsch!"

Ich: „Was hast Du? Scheint ja schlimm zu sein!"

Schatz: „Schlimmer!"

Ich: „Ach herrje."

Schatz: „Es juckt."

Ich: „Kenne ich. Musst Du kratzen!"

Schatz: „Hilft nicht. Ich komme da nicht dran!"

Ich: „Oh, kann ich helfen?"

Schatz: „Versuchs mal."

Ich: „Wo denn?"

Schatz: „Eigentlich überall."

Ich: „Das klingt irgendwie ungesund!"

Schatz: „Ja, das denke ich auch!"

Ich: „Männergrippe?"

Schatz: „Nein! Aber ein Virus-Wesen ist es schon."

Ich: „Ach herrje. Ist das etwa ansteckend?"

Schatz: „Ja, vermutlich."

Ich: „Welches Virus ist es denn?"

Schatz: „Das Reise-Virus!"

Ich: „Ach so. Das habe ich auch! Wohin fahren wir?"

Damit wir der großen Reisewelle entgehen, planen wir unseren Urlaub, wenn möglich, außerhalb der Feriensaison. Das hat zwar den Vorteil, dass die Urlaubsgebiete nicht mehr überfüllt sind; hat aber anderseits den Nachteil, dass das Wetter in unseren Breiten meist nicht mehr so richtig sommerlich ist. Das ist ein Problem, wenn man Sonne tanken und im Meer schwimmen will! Was ist die Lösung? Man sucht sich eine Gegend aus, die möglichst weit südlich liegt! Und genau aus diesen Überlegungen entscheiden wir uns für eine Reise nach Süditalien. Gegen Ende August starten wir unseren zweiwöchigen Urlaub.

Damit wir recht schnell ans Ziel kommen, fahren wir bis Bari Autobahn. Von da an geht es gemütlich weiter über Landstraßen bis zur Hafenstadt Taranto an der Mittelmeerküste in der Region Basilicata. In Marina di Ginosa, einem kleinen Urlaubsort mit Yachthafen haben wir den ersten längeren Aufenthalt, genießen ein köstliches Fischgericht, danach erfrischende Eiscreme und Cappuccino, und das alles mit Blick auf das Meer. „Göttlich" meint Schatz.

Bis zu unserem eigentlichen Urlaubsziel sind es nur noch wenige Kilometer. Unsere Erwartungen werden übertroffen, als wir den angestrebten Küstenabschnitt erreichen: eine kleine Straße, oder besser gesagt, ein ausgefahrener Sandweg erwartet den Autofahrer bei der Ankunft, allerdings breit genug, um dort zu parken und trotzdem die Fahrspur nicht zu blockieren. Die Urlaubssaison neigt sich dem Ende; nur wenige PKW und weitere Wohnmobile sind am Rand der Fahrbahn abgestellt, so dass es für uns kein Problem ist, eine freie Parkfläche für unser Auto zu finden, parallel zum Strand und mit Blick auf das Meer.

„Das ist ja genial" rufe ich überwältigt aus und Schatz gibt mir Recht, während unsere Hündin bereits wieder ihren Freudentanz aufführt, als sie das Wasser sieht.

Es mag pathetisch klingen, aber wir fühlen uns hier wie im Paradies: türkisblaues und klares Wasser, erfrischend, aber nicht kalt; breiter und sauberer Sandstrand; wenige Menschen, wenig Wind und viel Sonne. „Genau so habe ich mir das gewünscht" gestehe ich meinem Schatz, der mir zustimmt: „Ja, ich auch!"

Jeden Morgen wird der Strand durch einen Gemeindearbeiter mit Raupenfahrzeug gereinigt und nicht nur das: er planiert uns sogar den Weg durch den Sand, von unserem Wohnmobil bis zum Rand des Wassers. Und das alles völlig kostenlos und ohne Kurtaxe! Er freut sich, wenn wir uns herzlich bedanken und ihn zu uns am Auto auf eine Tasse Kaffee und eine Zigarette einladen und er Gelegenheit hat, mit uns etwas zu plaudern.

Die Tage verbringen wir überwiegend mit schwimmen, sonnenbaden, lesen, essen und trinken. Hin und wieder machen wir eine Fahrt nach Taranto oder in ein benachbartes Dorf, um einzukaufen oder zu einem Campingplatz, um Toilette zu entleeren und den Wassertank wieder aufzufüllen.

Erwähnenswert sind aber auch die Nächte, in denen es kaum abkühlt und wir auf unseren Campingstühlen liegen, die Sterne beobachten und Sternschnuppen zählen. Und die Sterne sind ganz nah im Süden Italiens! Wir haben einen fantastischen Blick zum Sternenhimmel, weil große Städte weit entfernt sind und kein elektrisches Licht ablenken oder stören könnte. Bereits bevor es dunkel wird, erblickt Schatz den ersten großen gut sichtbaren Stern und sagt, in Anspielung auf den Größen- und Gewichtsunterschied zwischen uns beiden: „Ha, der große und dicke Uwe-Stern leuchtet schon kräftig und sieh nur dort, ein Stück daneben, fängt gerade der kleine dünne Elke-Stern zu blinken an!"

Auch heute ist eine solche Nacht, wir reden über dieses und jenes und plötzlich nimmt das Gespräch einen eigentümlichen Verlauf, den ich auf folgender Seite schildere.

Strandgeflüster 2

Schatz: „So kann ich es aushalten!"

Ich: „Ja, ich auch!"

Schatz: „Das sollte immer so sein!"

Ich: „Was genau meinst Du?"

Schatz: „Wir sollten immer an irgendeinem Strand liegen."

Ich: „Ja, wäre schön. Aber wovon sollen wir leben?"

Schatz: „Wir brauchen nicht viel, wenn wir im Auto leben: wenig Wasser, wenig Strom, wenig Diesel, wenn wir keine langen Strecken fahren."

Ich: „Aber auch das Wenige, muss irgendwie bezahlt werden."

Schatz: „Wir könnten als Schleusenwärter arbeiten."

Ich: „Das sind doch meist nur Binnengewässer und kein Meer."

Schatz: „Stimmt. Dann als Leuchtturm-Wärter."

Ich: „Ein aussterbender Beruf. Alles nur noch automatisch."

Schatz: „Auch wahr. Dann sollten wir Schiffe anstreichen."

Ich: „Wie kommst du auf diese seltsame Idee?"

Schatz: „Salzwasser ist aggressiv. Boote und Schiffe müssen immer neu gestrichen werden."

Ich: „Wo wir leben ist kein Meer."

Schatz: „Wir verkaufen das Haus, leben dann im Wohnmobil, fahren von Hafen zu Hafen und streichen Schiffe an."

Ich: „Aber man muss irgendwo gemeldet sein und braucht eine Adresse, damit die Post zugestellt werden kann."

Schatz: „Kein Problem. Lido Quarantotto, Platz Nummer 9."

Ich: „Wo willst Du den Briefkasten aufbauen?"

Schatz: „Den Briefkasten montiere ich am Wohnmobil direkt neben der Eingangtüre. Wir müssen ja mobil bleiben."

Ich: „Und wenn wir dann den Standort wechseln?"

Schatz: „Wir haben ja den Briefkasten immer dabei, müssen nur die neue Anschrift bekannt geben. Fertig!"

Ich: „Und der Briefzusteller reist uns dann hinterher oder was?"

Schatz: „Ja klar! Ist doch seine Aufgabe, Post auszuliefern oder?"

Ich breche in Gelächter aus. Hätte ich allerdings zu jener Zeit einen Blick in unsere Zukunft werfen können, wäre ich bestimmt auf diese schräge Idee sofort eingegangen...

Schwergewichtige Giovanna

Ein weiterer traumhafter Urlaubstag im Süden Italiens geht zu Ende. Wir erwarten gleich noch unseren Obst- und Gemüsehändler, einen fröhlichen, freundlichen und liebenswürdigen Herrn in hohem Alter. Seinen Piaggio hat er beladen mit köstlichen Früchten aus der Region. Er fährt jeden Abend am Strand entlang, hält bei den parkenden Fahrzeugen und beliefert die Touristen mit Frischwaren. Seit wir vor fünf Tagen hier angekommen sind, haben auch wir ihm bereits so etliche Tomaten, Paprika, Zucchini und Weintrauben abgekauft. Wir sind neugierig, was er heute zu bieten hat.

„Oh, da kommt er angetuckert" verkündet mein Schatz, „komm, wir gehen schon nach draußen. Und denk' an den Geldbeutel! Wir wollen doch noch ein paar von den leckeren Trauben kaufen." „Okay" antworte ich, „komme gleich."

Als Opa, ich nenne ihn mal ‚Francesco', neben unserem Wohnmobil hält, wechseln wir, wie jeden Abend, ein paar Worte. Er spricht ganz gut Deutsch, wir etwas Italienisch und so können wir uns einigermaßen verständigen.

Nachdem er für uns die gewünschten Weintrauben abgewogen hat, zeigt er mit der Hand auf eine der Wassermelonen, die er heute, neben den anderen Früchten, ebenfalls geladen hat. „Wundersöne Wassere-Melon. Du wolle?" Ich sehe auf den ersten Blick, diese Melone ist viel zu groß für uns zwei Personen und bedeute meinem Schatz und Opa Francesco, dass wir diese Melone nicht kaufen werden.
„Naaaa, isse nix zu groß" protestiert Opa Francesco, hat jedoch Mühe, die enorm große Melone im Arm zu halten und redet weiter auf uns ein: „Isse wunderbare susse! Und isse so saftish, Du musse nix mehr trinke vonne aqua aus Flashe. Du musse nix kaufe. Ich Dir senke Wassere-Melon!" Widerstand zwecklos, Opa Francesco drückt meinem Schatz die Melone in die Arme, steigt in sein Gefährt, ruft

noch „Viele Grusse vonne mein Frau Giovanna. Ciao, Ciao. A domani!" und fährt los.

Hocherfreut über das gut gemeinte Geschenk legen wir die ‚dicke Giovanna', wie die Melone nun von uns genannt wird, auf den Campingtisch neben unserem Wagen. Nee, solch eine Monster-Melone, die es mit Sicherheit ins Guinessbuch der Rekorde geschafft hätte, habe ich noch nie gesehen. Sie ist nicht, wie für Melonen üblich, rund und ballförmig, sondern hat eine längliche Form und erinnert irgendwie an einen Torpedo. Schatz sitzt mit unserem großen Brotschneidemesser ‚bewaffnet' am Campingtisch neben dem Auto, beginnt auf die vor ihm liegende Melone einzureden und ahmt dabei das gebrochene Deutsch von Francesco nach: „Oh Du arme Giovanna, isse sosss sreckliss, aber Du bisse viele zu grosse und zu dicke; ich machen Dich jetzt Kopfe ab", setzt das Messer an und säbelt etwa ein Drittel der Frucht ab. Von dem abgetrennten Drittel schneidet er zwei große Stücke heraus; diese werden wir gleich verzehren.

Der Rest muss jetzt irgendwie verstaut werden. „Wir können ‚Giovanna' in unserem großen Kochtopf aufbewahren" ist meine erste Idee. Ich hole also den Topf aus dem Auto, stelle ihn neben ‚Giovanna' auf dem Tisch ab und breche in albernes Lachen aus, als ich sehe, dass ‚Giovanna' - auch ohne Kopf - noch immer mehr als die dreifache Höhe unseres Topfes ausmacht. Gespielt entsetzt setze ich mich wieder auf meinen Campingstuhl und schlage meinem Schatz vor: „Der Unterleib muss auch weg!" Na gut, Schatz hat das Messer sowieso noch in der Hand, weil er ahnte, was ich plante!

Er schätzt ab, setzt an und säbelt das untere Drittel der Melone ab. „So, erledigt!" verkündet er grinsend. „Aber was bringt uns das jetzt?" fragt Schatz mich strahlend, als er Giovanna's restlichen Rumpf auf den bereitgestellten Topf setzt. „Passt nicht!" ist meine - völlig überflüssige - Bemerkung. Giovanna ist noch immer viel zu hoch für den Topf und außerdem misst ihr Umfang mindestens fünf Zentimeter mehr als der unseres größten Kopftopfes.

Plan A und Plan B sind also fehlgeschlagen, aber ich nicht dumm, zaubere Plan C hervor:„und wenn ich die Teile mit Frischhaltefolie…" denke ich laut, „dann alles auf einem großen Teller in den Kühlschrank…". Schatz sieht mich amüsiert an und sagt: „Probier das mal…" Ich steige abermals die Stufe hoch, um in das Fahrzeuginnere zu gelangen, öffne den Kühlschrank und stelle fest, kein Platz, weil voll mit anderen Lebensmitteln. „Na, so ein Mist!" fange ich zu fluchen an, gehe zurück nach draußen, um wieder meinen Sitzplatz im Campingstuhl einzunehmen. Ratlos schaue ich zu meinem Schatz, der am gegenüber liegenden Tischende sitzt, zwischen uns die dreigeteilte Melone, während wir das erste große Stück der Frucht genüsslich verspeisen.

Schatz hat mittlerweile die Fotokamera geholt und sagt: „Diesen Fall müssen wir unbedingt noch dokumentieren" und macht Fotos aus allen möglichen Perspektiven: Topf unten, Mittelrumpf der Melone oben drauf, das abgeschnittene Drittel daneben liegend, Messer davor, Hund schaut hungrig auf den Tisch, ich sitze mit heruntergezogenen Mundwinkeln ratlos daneben… Ein Bild zum Schreien!

Leider, leider war das anscheinend auch für den Fotoapparat zu viel. Die Bilder sind in einer dermaßen schlechten Qualität, dass ich sie den Lesern dieses Buches nicht zeigen kann. Es ist zu schade! Doch das nur nebenbei bemerkt; das Drama geht ja noch weiter.

Wer schon einmal Sommerurlaub in Süditalien gemacht hat, wird wissen, dass die Temperaturen dort tagsüber gerne mal auf 35 Grad und höher ansteigen. Wie lange würde sich wohl eine ungekühlte Wassermelone bei dieser Hitze halten und wie mag wohl lauwarme Wassermelone schmecken? Nee, das geht gar nicht, unterbreche ich meine Gedanken, verziehe angewidert mein Gesicht und teile meinem Schatz meinen soeben ‚ausgetüftelten' neuen Plan mit: „Du schneidest jeden Tag ein großes Stück von ‚dicker Giovanna' ab. Dieses legen wir dann morgens in den Kühlschrank, damit wir es am Mittag oder am Abend gut gekühlt essen können. Den Rest der Frucht müssen wir außerhalb des Kühlschrankes lagern. Wir sollten die angeschnittenen Teile in das Spülbecken legen, damit der austretende Saft nicht alles verkleckert und verklebt."

Genau so machen wir das nun seit drei Tagen. Am vierten Tag jedoch kann ich den Geruch von Melone nicht mehr ertragen: alles im Fahrzeug riecht danach. Ich kann Melone nicht mehr sehen: die Frucht-Hälften blockieren ständig den begrenzten Platz im Auto. Und ich kann keine Wassermelone mehr essen; keinen Bissen mehr! Meinem Schatz ergeht es ähnlich. Und so beschließen wir, den Rest der ‚dicken Giovanna' in den Müll zu geben.

Schatz sagt: „Ich denke, ich weiß nun auch, warum Opa Francesco dieses Teil unbedingt loswerden wollte. Sein Gefährt hätte den Heimweg mit der übergewichtigen Giovanna an Bord nicht überlebt, sondern sicher einen Achsbruch erlitten." Lachend stimme ich ihm zu und ergänze mit einem Reim:

> Giovanna ist ein Schwergewicht.
> Das liebt der kleine Piaggio nicht.
> Achsbruch, Lenk- und Bremsversagen
> würden dann den Wagen plagen.
> Darum Francesco - mit viel List -
> verschenkt Giovanna an Tourist.

Nun ist der Urlaub auch schon fast vorüber. „Sehr schade, dass es so weit zu fahren ist; es ist traumhaft schön hier" stelle ich fest. Als wir beginnen, die Campingmöbel wieder einzuräumen, werde ich etwas traurig, weil wir diesen tollen Urlaubsort morgen verlassen und nach Hause fahren müssen. Meinem Liebsten geht es nicht anders und ich denke, dass wir in diesem Moment schon den Entschluss gefasst haben, im kommenden Jahr wieder hier zu sein.

Italien – der Sterne wegen

Schatz: „Ich habe ihn lange nicht gesehen."

Ich: „Wen denn?"

Schatz: „Den Großen."

Ich: „Hä? Wen meinst Du?"

Schatz: „Na, den Grooooßen."

Ich: „Verstehe nicht, über wen Du sprichst."

Schatz: „Den Großen, Hellen…"

Ich: „Kenne ich den auch?"

Schatz: „Klar doch! Und er ist nie alleine."

Ich: „Du sprichst in Rätseln."

Schatz: „Er wird von dem Kleinen begleitet."

Ich: „Haben die auch Namen?"

Schatz: „Klar doch!"

Ich: „Verrate mir doch mal die Namen!"

Schatz: „Uwe-Stern und Elke-Stern."

Ich: „Ach sooooo."

Schatz: „Ob die wohl immer noch leuchten und blinken?"

Ich: „Hoffe ich doch!"

Schatz: „Wäre besser, wenn wir mal nachschauen."

Ich: „Stimmt! Wir sollten uns selbst davon überzeugen."

In Italien Sterne und Sternschnuppen beobachten - warum nicht? Das hat den Vorteil, dass wir tagsüber Sonne ‚tanken' können. Die Strände in Basilicata, die wir aus dem vergangenen Sommer kennen, sind doch perfekt dafür. So beschließen wir, auch in diesem Jahr unseren Sommerurlaub dort zu verbringen und fahren, ähnlich wie im Vorjahr, gegen Ende August los. Allerdings haben wir uns vorgenommen, nicht nur faul am Strand zu liegen, sondern auch die Küste in der angrenzenden Region Calabria zu erkunden.

Die nächsten Tage wollen wir jedoch zunächst in der Sonne ausspannen, bauen unsere Campingmöbel auf, ich bereite Kaffee und Schatz öffnet die Motorhaube, um Ölstand und Kühlerwasser zu prüfen. Es dauert keine Minute und ein paar Männer, welche sich mit dem Kioskbesitzer unterhalten und unser Tun aufmerksam beobachten, kommen auf uns zu, stehen nun neben Schatz am Fahrzeug und beginnen ein Gespräch. Ob wir eine Panne haben, ob etwa das Auto kaputt ist und ob sie helfen könnten. Schatz erklärt den hilfsbereiten Italienern, dass er nur routinemäßig eine Wagenkontrolle durchführt und dass alles in bester Ordnung sei und wir keine Hilfe benötigen. Die Gesichter der Italiener wechseln sofort von großer Besorgtheit in Erleichterung und eine Konversation - von Mann zu Mann - über unseren Wagen und über Wohnmobile überhaupt, beginnt.

Es stellt sich heraus, dass einer der beiden Fremden Luigi heißt, ein Restaurant in Deutschland betreibt, ebenfalls ein Reisemobil besitzt und im Moment Urlaub bei seiner Familie hier in der Gegend macht.

Er gibt uns noch einige Ausflugs-Tipps, Empfehlungen für Restaurantbesuche hier und in Kalabrien und erklärt uns, wo wir die besten Peperoni, den besten Wein und leckersten Käse in dieser Gegend kaufen sollten. Dann deutet er mit seinem Arm in Richtung des Kiosk und erklärt: „Der Kiosk gehört Antonio, der ein Vetter von mir ist. Ihr könnt hier bleiben, solange Ihr wollt. Ihr könnt auch, wenn Ihr einen Ausflug machen wollt oder zum einkaufen fahrt, Eure Campingmöbel draußen stehen lassen. Antonio und ich werden aufpassen, damit nichts gestohlen wird! Oder falls Ihr etwas braucht, kommt Ihr einfach zum Kiosk!"

„Das ist ja ein komfortabler Service" stellt Schatz fest, als er mir von dem Gespräch berichtet. „Dann lass uns mal zum Kiosk gehen. Wir könnten einen Sonnenschirm brauchen. Vielleicht gibt es dort welche" ist meine Antwort. Unser nun folgender Einkauf im Kiosk ist erfolgreich: wir sind ab jetzt Besitzer eines Sonnenschirmes! Auch eine aufblasbare Luftmatratze finden wir noch; und beides zum Schnäppchenpreis, weil die Saison ja fast zu Ende ist. Antonio ist dennoch glücklich über die Einnahmen und passt ab diesem Moment noch besser auf, dass uns niemand bestiehlt.

Nach drei Tagen in der Sonne und vier Nächten mit klarem Himmel zum Sterne gucken starten wir unsere Fahrt nach Kalabrien, immer an der Küste entlang, als grobes Ziel die Hauptstadt Reggio Calabria im Sinn.

Die Landschaft verändert sich, Sandstrände werden seltener, stattdessen dominieren nun Felsen und Steilküste. Wir finden zwar sehr schöne Fotomotive, aber keine Möglichkeit, mit unserem Wagen irgendwo in die Nähe des Wassers zu kommen, um uns und unserer Hündin eine Abkühlung zu gönnen. Und es ist heiß hier! Die Sonne strahlt erbarmungslos und vertrocknet sämtliche Pflanzen auf den Feldern, falls sie nicht künstlich bewässert werden.

Wir entscheiden uns daher, die Rückfahrt zu ‚unserem' Lido anzutreten, dort unseren ‚Standort' einzurichten und im weiteren Verlauf unseres Urlaubs nur noch Tagesausflüge zu machen.

Auf dem Rückweg befolgen wir einen von Luigi's Tipps und besuchen in Policoro das Geschäft eines Obst- und Gemüsehändlers, einem Freund von Luigi. Hier soll es die allerbesten Peperoni von ganz Kalabrien - wenn nicht sogar von ganz Italien - geben.

Dem Ladenbesitzer mit Namen Adriano, einem älteren Herrn mit fröhlichen Augen und reichlich Falten im Gesicht, erzählen wir, dass er uns von Luigi empfohlen wurde. Sein Gesicht hellt sich merklich auf. „Ah, Luigi! Mein bester Freund! Wo habt Ihr ihn getroffen?" will er von uns wissen und wir erzählen von unserer Begegnung am Lido. Erstaunt darüber, dass auch Adriano so gut Deutsch spricht, erfahren wir sogleich den Grund dafür: in seiner Jugend hat er als Gastarbeiter einige Jahre in Deutschland gearbeitet, aber Heimweh und das nasse und kalte Klima haben ihn geplagt und deshalb ist er bald wieder zurückgekehrt nach Calabria, um hier das selbst angebaute Obst und Gemüse zu verkaufen.

Zwischenzeitlich habe ich einige Tomaten ausgesucht, grüne und schwarze Oliven darf ich probieren, bevor ich mich dafür entscheide, und mein Schatz fragt nach Chilischoten. Peperoni für Mädchen oder für Männer will Adriano wissen und fängt zu grinsen an. Schatz erklärt ihm, dass er die Zutat für Gulasch, Chili con Carne und Risotto verwenden will. Der Händler gibt uns eine angeschnittene grüne Schote zum probieren und wartet. „Nicht scharf genug" ist unsere Antwort. Nun erhalten wir eine kleinere rote Schote zum testen und stellen fest: „Schon besser!" Adriano hat soeben eine Idee, schneidet eine von den ganz kleinen Peperoni auf, gibt einen Teil davon an meinen Schatz. Als ich ebenfalls davon probieren möchte, gibt er mir zu verstehen - mit breitem Grinsen im Gesicht – dies besser zu lassen.

Ich beobachte meinen Schatz, der genüsslich auf der roten Chilischote kaut, bis sich die in den Kernen enthaltene Schärfe mit aller Macht entfaltet, ihm die Tränen in die Augen treibt, er zu hüsteln beginnt und nach Luft schnappt. Adriano ist zufrieden über diese Reaktion und mit einer Handvoll Weintrauben, die er meinem Schatz gibt, um die Schärfe im Rachen zu neutralisieren, erlöst er ihn vor dem drohenden Hustenanfall.

„Gute Qualität?" will der Händler nun wissen und Schatz meint: „Genau richtig. Die brauchen wir! Und der Trick mit den Weintrauben ist auch gut. Die süßen und saftigen Trauben haben das Kratzen im Hals sofort beruhigt." „Ja, Adriano hat Ahnung!" freut sich der Ladenbesitzer, indem er diese Selbstbestätigung ausspricht, macht noch ein paar Späße, während er uns ein Gebinde mit etwa fünfzig kleinen roten Chilischoten zeigt und wissen will, ob die Menge ausreicht. „Viel zu viel" meine ich, aber Adriano entgegnet: „Ihr könnt das Gebinde so wie es ist, bei Euch im Fahrzeug aufhängen und die Schoten in der Sonne trocknen lassen. Zuhause habt ihr dann einen schönen Vorrat, der ja auch bis zu Eurem nächsten Urlaub reichen muss. Nur aufpassen: getrocknet sind die Peperoni noch viel schärfer!" Guter Kaufmann, denke ich und muss innerlich schmunzeln.

Wir zahlen nun die von uns gewählten Produkte und stellen wieder einmal fest, dass wir zu günstigen Preise eingekauft haben. „Ich glaube, Adriano mochte uns irgendwie und hat Spezialpreise gemacht" meint Schatz, als wir wieder im Auto sitzen. „Dann können wir uns ja nun noch eine Eiscreme gönnen" ist mein Vorschlag und schon sind wir auf der Suche nach einer Gelateria.

Irgendwann treffen wir wieder am Lido Quarantotto ein und genießen noch ein paar Tage am Strand ohne weitere Auffälligkeiten. Die Sterne stehen gut in Süditalien, stellen wir fest und mit einer hübschen Dekoration aus roten Chilischoten im Rückfenster machen wir uns auf den Weg zurück nach Deutschland.

Canossa ist keine Insel

Für den Rückweg haben wir drei Tage eingeplant. So können wir ganz gemütlich unsere Rückfahrt aus Süd-Italien beginnen, legen hier und da mal einen Zwischenstopp ein, haben uns (aus reinem Interesse) die Touristen-Hochburg Rimini angesehen und fahren nun ohne besondere Eile Richtung Mailand. Wir befinden uns gerade auf der Autobahn zwischen Bologna und Parma. Ich habe den großen Straßenatlas auf den Knien, lese etliche Ortsnamen, die mir nicht viel sagen und bleibe schließlich bei Canossa hängen. Canossa - da war doch was… Klar, irgendwas Historisches… Meine Geschichts-Lehrerin möge es mir nachsehen, aber ich fand die ollen Monarchen-Geschichten damals im Unterricht total langweilig; die haben sich meist sowieso nur die Köpfe eingehauen. Nach intensivem Denken, fällt es mir wieder ein: der Gang nach Canossa! Das muss doch große Geschichte sein oder? Und wir sind nicht so weit von diesem Ort entfernt.

„Schaaatz" unterbreche ich den Fahrer neben mir „Schatz, was hältst Du davon, wenn wir noch einen Abstecher nach Canossa machen?" Schatz schaut kurz zu mir rüber und fragt: „Was willst Du denn da?" Ich: "Ja, keine Ahnung. Ich lese das nur eben auf der Karte. Das ist doch ein geschichtsträchtiger Ort. Wir fahren in nur wenigen Kilometern Entfernung daran vorbei. Und wenn wir schon mal in der Nähe sind, könnten wir uns das doch mal ansehen, dachte ich." Nach kurzem Überlegen erhalte ich die Antwort: „Hm, Zeit haben wir noch genug. Wie viele Kilometer sind es denn ungefähr bis dorthin?" „Ich rechne mal kurz." Intensiv beschäftige ich mich mit der Strecke nach Canossa und verkünde nach einer Weile: „Sollten so ungefähr dreißig, höchstens vierzig Kilometer sein." „Okay" meint der Fahrer, „wo muss ich abbiegen?" „Ich sage Dir, wie wir fahren müssen. Auf nach Canossa!"

Ich freue mich auf dieses überraschende Zwischenziel und gebe die entsprechenden Streckenanweisungen an den Fahrer weiter. Vor uns erkennen wir schon die Ausläufer des Apennin und ein Schild mit dem Ortsnamen CANOSSA bestätigt, dass wir uns nicht verfahren haben. Die Straßen werden immer kleiner: zunächst noch doppelspurig, dann nur noch einspurig, aber mit Fahrbahnmarkierung, dann noch schmaler und ohne Mittellinie und jetzt könnte man es als betonierten Feldweg bezeichnen, dem jegliche Markierung fehlt. Ich gebe zu: wir fahren gerne solch kleine Straßen, weil sie meistens ungeahnte und unvorhersehbare Überraschungen bieten; im positiven wie im negativen Sinne.

Wir befinden uns bereits zwischen den Hügeln und Bergen des Apennin, als Schatz fragt: „Sind wir hier noch richtig? Es scheint etwas abgelegen zu sein." „Der Weg ist absolut richtig. Wahrscheinlich werden wir bald eine unerwartet schöne Aussicht genießen können" antworte ich, in der Hoffnung Recht zu behalten. Unser Weg führt weiter in die Berge und langsam arbeitet sich unser Dieselfahrzeug in die Höhe. Die Landschaft wird immer kahler, mit nur noch niedrig wachsenden Pflanzen, bald gibt es gar keine Vegetation mehr, sondern nur noch Einöde und nackte Felsen.
Schatz fragt noch einmal: „Sind wir immer noch richtig?" Und genau in diesem Moment sehen wir ihn vor uns: den Berg mit begrünter Kuppe und Burgruine. „Das wird es wohl sein" antworte ich, während unser Diesel die Steigungen des knapp sechshundert Meter hohen Berges empor schnauft.

Ich weiß bis heute nicht, was ich hoffte, dort auf dem Berg von Canossa vorzufinden, aber so etwas ganz bestimmt nicht: eine sehr verfallene Burgruine, daneben ein Museum mit Kiosk, eine Parkfläche für vielleicht zehn Fahrzeuge und fertig. Nichts weiter. Ach doch: Abgrund! Von unserem Fahrzeug aus blicken wir direkt auf das Felsenmeer ringsum, welches durch Erosion sehr porös und bröselig ist. Die Gegend wirkt irgendwie außerirdisch, fast wie eine Mondlandschaft.

Etwas kleinlaut frage ich meinen Schatz: „Was meinst Du, sollen wir wirklich hier bleiben und übernachten?" „Wir fragen mal im Kiosk, ob wir hier parken dürfen" erhalte ich als Antwort. „Kein Problem" so die Worte des Kioskbetreibers, der uns auch noch einen schönen Aufenthalt wünscht. Wir machen noch einen kleinen Rundgang und genießen einen fantastischen Sonnenuntergang, allerdings mit Blick in den Abgrund. „Und wo ist hier der Strand?" fragt mein Schatz, der die See besonders liebt. Auf meine Antwort: „Wenn Du ganz intensiv in südliche Richtung schaust, solltest Du das Mittelmeer erahnen können…" grinst er nur. Wir trinken noch ein Glas Wein und gehen bald schlafen.

Am nächsten Morgen sitzen wir gut gelaunt beim Frühstück. Weit und breit - außer uns - keine Menschenseele, kein weiteres Auto, auch der Kiosk ist noch geschlossen und somit darf unsere Hündin nach draußen und alleine auf Entdeckungs-Rundgang gehen. Doch bereits nach wenigen Minuten will sie wieder zurück ins Auto und legt sich ganz brav unter den Tisch. „Was ist los?" fragen wir uns und den Hund. Unsicher blickt sie uns mit ihren großen Hundeaugen an. Wir haben keine Erklärung für dieses Verhalten und beschließen, nach dem Frühstück noch einmal alle gemeinsam nach draußen zu gehen und einen richtigen Spaziergang zu machen.

„Weißt Du was, es ist so schönes Wetter; komm', wir nehmen unsere Tassen und trinken den Kaffee draußen in der Sonne" schlägt Schatz vor und steigt aus dem Fahrzeug, seinen Kaffeebecher in der Hand. Sunny liegt weiterhin unter dem Tisch und beobachtet uns, hat aber überhaupt keine Laune, nach draußen zu gehen. „Ich werde erst noch schnell aufräumen und komme dann nach" gebe ich zur Antwort. Kaum eine Minute später ist Schatz aber schon wieder im Auto, setzt sich, brav wie unser Hund, auf seinen Platz und fragt mit einem Grinsen im Gesicht: „Kann ich dir beim Aufräumen helfen?" Fragend schaue ich ihn an. An seinem Gesichtsausdruck merke ich, dass etwas Unerwartetes passiert sein muss. „Bin schon fertig, wir können jetzt gehen" schlage ich vor. „Ich glaube, da bist Du aber die Einzige, die hier und jetzt spazieren will" höre ich seine Worte und verstehe überhaupt nicht, was er mir damit sagen will.

Dennoch ziehe ich Schuhe und eine leichte Jacke an und verlasse das Fahrzeug, in der Hoffnung, dass Schatz und Hund mir folgen werden, wie sonst auch. Aber meine beiden Begleiter bleiben heute im Auto und mein Liebster winkt mir sogar noch hinterher und ruft: „Pass' schön auf, dass Du nicht abstürzt". Ich gehe durch das spärlich gewachsene Gras um unser Auto herum, erreiche die Berg-Kante, um einen Blick ins Tal zu werfen und bleibe wie angewurzelt stehen. Etwas unterhalb von mir, jedoch keine zwei Meter entfernt, steht er und ich habe den Eindruck, er ruft laut „buh", um mich zu erschrecken: ein ausgewachsener Ziegenbock mit beeindruckenden Hörnern; ganz offensichtlich der König von Canossa, vor dem sogar unsere Hündin gewaltigen Respekt hat. Und ‚hast Du nicht gesehen', sitze auch ich wieder im Auto!

Da wir keine Lust haben, uns mit dem Ziegenbock, der offensichtlich der Herrscher des Berges ist und sich hier völlig frei bewegen kann, anzulegen, beschließen wir, diesen Ort schnellstens zu verlassen und lieber unten im Tal einen Spaziergang zu machen.

Unbeschadet zurück

„Ihr seid in Calabria gewesen?" fragt ein Bekannter, der selbst aus der Gegend von Neapel stammt, uns ungläubig, als wir ihn in unserem Wohnort in Deutschland per Zufall auf der Straße treffen und wir ihm von unserem Urlaub erzählen. „Na, Ihr traut Euch ja was!" „Wieso? Was ist daran so schlimm?" fragen wir neugierig.

Der Neapolitaner sendet ein leises Stoßgebet zum Himmel, bevor er uns seine nicht enden wollende Aufzählung tückischer Gefahren, die uns hätten ereilen können, beginnt: Mord und Totschlag, Einbruch, Diebstahl, wilde Schießereien, Drogen und die Mafia! „Ganz besonders die Mafia!" betont er eindrücklich. „Madre mia! Habt Ihr ein Glück, dass Ihr wieder gut in Deutschland angekommen seid!" beendet er zunächst seine Rede an uns und fragt dann: „Was wurde Euch gestohlen? Geld? Ausweis? Fahrzeug-Papiere? Hat man geschossen auf Euch? Wann? Wo?"

Schatz und ich schauen uns an und beginnen zu lachen, während wir nun im Detail von unseren positiven Erlebnissen und Eindrücken, auch aus Kalabrien, berichten. Skeptisch und kopfschüttelnd nimmt er alles zur Kenntnis und bestätigt nochmals seine ehrliche Erleichterung darüber, dass wir diesen Urlaub unbeschadet überstanden haben und er froh ist, uns gesund anzutreffen.

Mordsee

Wir haben ein paar Tage Ferien und nutzen die Zeit für eine Tour an die Nordsee in den Niederlanden. Die Wetter-Vorhersage verheißt, obwohl es erst Ende April ist, einige zusammenhängende Sonnentage und frühsommerliche Temperaturen. Das klingt gut und wir machen uns auf den Weg nach Oostvoorne. Dort kann man tagsüber - ähnlich wie in Daytona Beach, Florida - mit seinem Auto direkt auf den Strand fahren, Klapptisch und Campingstühle aufstellen und die Sonne genießen.

Die ersten Urlaubstage an der schönen Nordsee sind auch, wie erhofft, wolkenfrei und ungetrübt. Doch heute ist etwas Störendes in der Atmosphäre: bereits während unseres langen Strandspaziergangs spüre ich leichten Kopfschmerz. Auch unsere Hündin ist unruhig, hat keine Lust mehr, weiter zu laufen. Der Himmel ist nicht mehr klar, wie in den Tagen zuvor; die Luft ist schwülwarm und stickig. Wir erreichen wieder unser Wohnmobil, welches wir am Strand neben einer Sanddüne geparkt haben und Schatz fragt mich besorgt: „Was machen Deine Kopfschmerzen?" „Es ist unerträglich, mir platzt gleich der Schädel" antworte ich und füge hinzu: „Ich nehme jetzt ein Aspirin, lege mich dann hin und hoffe, dass die Tablette schnell wirkt."

Ich schlucke das Medikament und spüle mit einem Glas Wasser nach, lege mich auf das Bett im Alkoven und denke, gut, dass ich noch Aspirin-Tabletten gekauft habe und… schlafe ein. Im Traum ‚erlebe' ich ein heftiges Gewitter mit Blitz, Donner und Sturm, höre Menschen rufen, nein, sogar schreien, auch die Motoren von Autos mischen sich in die Geräuschkulisse. Gut, dass es nur ein Traum ist, denke ich, das grenzt ja schon an Lärmbelästigung. In diesem Moment spüre ich, dass unser Wohnmobil sich bewegt. Mit einem Mal bin ich hellwach, schaue nach unten, wo ich auf der Sitzbank meinen Schatz, vertieft in seine Lektüre, vermute. Ich sehe ihn dort aber nicht.

Stattdessen stelle ich fest, dass unser Auto tatsächlich rollt, sehr langsam zwar, aber der Motor läuft. Ich habe Mühe, nicht aus dem Bett zu kullern, weil der Untergrund, über den wir rollen, sehr uneben ist und rufe erschrocken nach unten „Schatz, was machst Du? Ich falle hier gleich aus dem Bett!" „Halte Dich gut fest. Wir müssen flüchten!" höre ich seine Stimme von unten. Und ich wieder: "Was ist los? Wer greift an?" Allerschlimmste Gedanken und das soeben ‚erlebte' Traumgeschehen kommen mir in den Sinn und ich beschließe, trotz der unruhigen Fahrt, das sichere Bett zu verlassen.

Unten angekommen setze ich mich auf den Beifahrersitz und sehe die Katastrophe, die sich draußen abspielt mit eigenen Augen, während Schatz mir erzählt: „Das Gewitter war heftig, zog aber schnell vorüber und in aller Ruhe habe ich angefangen das letzte Kapitel des spannenden Agenten-Krimis zu lesen. Ich schaute mal kurz aus dem Fenster, als ich bemerkte, dass draußen aufgeregte Menschen über den Strand laufen, dachte mir aber nichts weiter dabei und, weil die Geschichte des Buches gerade so fesselnd war, musste ich unbedingt weiter lesen. Dann ist mir jedoch aufgefallen, dass mehr und mehr Fahrzeuge den Dünen- und Sandbereich verlassen; aber da war es schon fast zu spät… plötzlich war überall Wasser, auch schon neben unserem Auto! Du glaubst gar nicht, wie schnell ich am Steuer saß! Mit dem Gewittersturm lief die Flut höher auf als normal und hat mittlerweile den gesamten Strandbereich überspült." „Oh shit" mehr fällt mir dazu nicht ein.

„Ahhh! Laaaaaand in Sicht" scherzt mein Schatz, als er den noch freien Platz im nicht überfluteten Bereich neben dem Strandcafé entdeckt und parkt dort unseren Wagen. Um den Schrecken zu verdauen, brauchen wir nun dringend eine Stärkung, besuchen das Strandrestaurant, genießen dort die leckersten Pfannkuchen von ganz Holland und sind froh, dass wir dem Mordanschlag der Nordsee entkommen konnten.

Auch alle anderen Strandbesucher haben die Sturmflut unbeschadet überstanden. Lediglich eine bunte Luftmatratze dümpelt einsam und verlassen auf dem Wasser; die Besitzer hatten sie wohl in der großen Eile vergessen.

Bettgeflüster 2

Schatz: „Weißt Du, was mich fasziniert?"

Ich: „Na, erzähle!"

Schatz: „Die Lenkdrachen."

Ich: „Ach."

Schatz: „Das macht bestimmt großen Spaß."

Ich: „Mag sein. Ich kann das nicht beurteilen."

Schatz: „Du hast doch auch schon diese Strand-Buggies beobachtet."

Ich: „Ja, klar."

Schatz: „Die fahren nur durch die Kraft des Windes."

Ich: „Du willst jetzt aber nicht mit so etwas anfangen oder?"

Schatz: „Die Steigerung davon ist dann Gleitfliegen."

Ich: „Auch spannend."

Schatz: „Aller Anfang ist der Lenkdrachen."

Ich: „Willst Du mir damit sagen…"

Schatz: „Ja! Morgen kaufen wir einen Lenkdrachen."

Gestank oder Wohlgeruch

Das war es dann mit Strandurlaub in Holland, denke ich, nach unserem Erlebnis mit der Sturmflut. „Was machen wir nun?" frage ich meinen Schatz, nachdem wir aus dem aktuellen Wetterbericht erfahren, dass für die kommenden Tage recht kühles und wechselhaftes Wetter vorausgesagt wird. Der überflutete Strand wird auch noch nicht wieder befahrbar sein.

„Wir fahren heute mal nach Rotterdam und sehen uns die Stadt an. Außerdem müssen wir einkaufen; wir brauchen Milch und Brot, auch den Käse haben wir fast schon wieder aufgegessen. Auch sollten wir noch die versprochenen Urlaubskarten schreiben und absenden, bevor wir in drei Tagen wieder nach Hause fahren." „Klingt gut" antworte ich, nachdem ich diese Planung gehört habe. „Und einen Lenkdrachen kaufen" höre ich meinen Liebsten mit spannungsvoller Erwartung in der Stimme noch rufen, als er das Auto verlässt, um mit unserer Hündin noch eine Pipi-Runde zu laufen.

Bevor wir nach Rotterdam kommen, steuert mein Liebster unser Auto nach Brielle, dem Nachbarort von Oostvoorne. „Hier gehen wir jetzt die fehlenden Lebensmittel kaufen. Und Vla dürfen wir auf keinen Fall vergessen. Hilf mal mit, daran zu denken" höre ich meinen Schatz sagen, als wir bereits auf dem Weg zum Supermarkt sind.

Der Einkauf ist in wenigen Minuten erledigt und auf dem Weg zurück zu unserem Fahrzeug kommen wir an einem Laden mit Campingzubehör vorbei. „Lass uns da mal reingehen" höre ich von Schatz, „vielleicht finden wir etwas Schönes, vielleicht sogar einen Drachen…" Ich muss grinsen, weil wir immer etwas ‚Schönes' finden, und sei es nur eine Rolle Isolierband oder eine Taucherbrille oder eine Gaskartusche für den Campinggrill oder… oder…. oder; aber das ist eine andere Geschichte!

Die ganze schöne bunte Campingwelt eröffnet sich uns, als wir den Laden betreten: Zeltausrüstungen, Schlafsäcke, Isoliermatten? Brauchen wir nicht! Luftmatratzen, Taucherausrüstung, Bootszubehör? Brauchen wir nicht! Camping-Geschirr? Kein Bedarf! Wir kommen in den Bereich mit allerlei Sport- und Freizeit-Ausrüstung. Insbesondere die Lenkdrachen haben eine enorme Anziehungskraft auf meinen Schatz. „Oh ja! Komm, lass uns hier mal gucken." Wir lassen uns von der Fachkraft des Ladens beraten, die uns den Unterschied zwischen einem Lenkdrachen und einer Lenkmatte erklärt und Schatz entschließt sich zum Kauf einer der kleinsten lenkbaren Flugmatten in schönen bunten Farben und zu einem relativ günstigen Preis, geeignet als Einstiegsgerät für Anfänger.

Mit unseren Einkäufen erreichen wir nun, ohne weitere Unterbrechung, unser Auto und fahren nach Rotterdam. Das Wetter ist geradezu optimal für eine Besichtigung der Stadt mit Europas größtem Hafen. Nach einer Fahrt mit dem Ausflugsboot durch die Grachten der Innenstadt folgen Marktbesuch, Schaufensterbummel; ein paar Souvenirs ergattern wir auch und selbstverständlich gönnen wir uns zwischendurch kleine Pausen in einem der schönen Straßen-Cafés und Restaurants. Dort schreiben wir auch die Ansichtskarten für die Lieben zuhause.

Am darauf folgenden Tag erkunden wir das ausgedehnte Hafengebiet mit unserem Wohnmobil, besichtigen die große Maas-Schleuse (eines der vielen Meisterwerke niederländischer Ingenieurskunst beim Umgang mit Wasser), passieren große Container-Terminals, Schiffs-Werften und eine Schiffsabwrack-Station und gelangen in einen Bereich mit riesigen Erdöl-Lagern. Es riecht ziemlich streng und, mit etwas Missfallen in der Stimme stelle ich fest: „Es stinkt!" „Nein" entgegnet Schatz, „es stinkt nicht! Es riecht nach Geld!"
Ich reagiere mit einem belustigten Ausdruck im Gesicht und habe sogleich eine Idee: „Okay, der Wohlgeruch von Geld und Reichtum schwebt in der Luft. Dann lass uns hier bleiben!"

Plötzlich stehen wir direkt am Wasser. Wie sich herausstellt, befinden wir uns unmittelbar an der Hafeneinfahrt, genau an der Stelle, wo der Rhein (bzw. die Maas) in die Nordsee mündet. An der weit entfernten, gegenüber liegenden Uferseite kann man die Stadt Hoek van Holland gerade eben noch erkennen.

„Wow, was für ein schöner Ausblick! Da können wir Schiffe gucken! Und ich kann meinen neuen Drachen ausprobieren!" ruft Schatz begeistert und ergänzt: „Du hast Recht. Hier bleiben wir!" In diesem Moment passiert ein großer Öltanker, bereits in langsamer Fahrt, das Hafengebiet, während vier Schlepper, die vor wenigen Minuten noch im Fahrwasser dümpelten, Taue auswerfen und den Tanker ‚an die Leinen' nehmen, um ihn weiter abzubremsen und danach zum Entladen an seinen Platz im Hafen zu schleppen.

Die uns noch verbleibenden eineinhalb Urlaubstage verbringen wir hier. Campingtisch und -stühle ausladen und aufstellen, Vla schlürfen, Kite-Matte auspacken. Schatz testet sogleich sein neues „Sportgerät", beherrscht das Manövrieren, nach anfänglichen Abstürzen, recht schnell und ist absolut begeistert.

Außerdem gibt es auf dem Wasser jede Menge zu sehen, so dass Langeweile überhaupt nicht entstehen kann: riesige Container-Schiffe, die enorm großen Öltanker, natürlich auch kleinere Küstenmotor-Schiffe, sogar eine Ölbohr-Plattform wird per Schlepper zum Meer transportiert; egal ob tagsüber oder am Abend, es ist immer etwas zu bestaunen.

Einen langen Strandurlaub will man hier sicher nicht verbringen, aber zwei oder drei Tage zum Schiffe beobachten sind auf jeden Fall perfekt! In den kommenden Jahren fahren wir immer wieder mal hierher.

Abstrakte Kunst

Ich: „Es ist nicht sehr warm heute."

Schatz: „Frierst Du?"

Ich: „Ja. Ein wenig."

Schatz: „Soll ich die Heizung anmachen?"

Ich: „Ist Dir auch kalt?"

Schatz: „Eigentlich nicht."

Ich: „Dann lass die Heizung aus."

Schatz: „Das spart auch Gas."

Ich: „Ich ziehe mir noch eine Jacke an."

Schatz: „So kalt ist Dir?"

Ich: „Ja. Mich fröstelt."

Schatz: „Ich zünde ein paar Teelichter an. Das macht auch warm."

Ich: „Gute Idee."

Schatz stellt die Metallunterlage für die Teelichter auf den Tisch und holt einen Groß-Beutel mit Teelichtern, die wir im Sommer zu einem Schnäppchen-Preis in Italien gekauft hatten, aus dem Schrank.

Schatz: „Ach herrje."

Ich: „Was ist passiert."

Schatz: „Sieh mal, was ich da habe."

Ich: „Teelichter."

Schatz: „Dachte ich auch."

Ich: „Was ist damit?"

Schatz: „Ist alles am Stück."

Ich: „Wie? Lass mal sehen."

Mein Liebster kippt den Inhalt der Tüte auf den Tisch. Vor uns liegt ein einziger dicker Klumpen; ein Gemisch aus weißem Wachs und silbrigen Metalltöpfchen, alles irgendwie ineinander verlaufen und hoffnungslos verschmolzen.

Ich: „War wohl doch zu warm in Italien!"

Schatz: „Aber solch ein Klumpen… Unglaublich!"

Ich: „Überhaupt nicht mehr zu gebrauchen?"

Schatz: „Absolut nicht. Hat fertig!"

Ich: „Kunst!"

Schatz: „Wie?"

Ich: „Das ist ein modernes Kunst-Objekt."

Schatz: „Stimmt. Abstrakte Kunst im rollenden Wachsfiguren-Kabinett."

Tags darauf kaufen wir einen Kunststoff-Behälter, in welchem wir die Teelichte zukünftig ordentlich gestapelt aufbewahren können. In sommerlicher Hitze kleben sie zwar auch leicht zusammen und die Dochte legen sich flach, aber zumindest lassen sie sich trotzdem noch verwenden. Man lernt ja immer noch etwas dazu!

Unglaubwürdig

Mein Liebster hat einige Tage Urlaub mit seinem Sohn in den Niederlanden geplant. Sohn, den Kinderschuhe längst entwachsen und einen Kopf größer als sein Dad, freut sich auf die Reise und die gemeinsame Zeit genauso wie der Vater. Männer allein unterwegs - das kann ja lustig werden! Damit die beiden nicht ganz ohne weibliche Aufsicht sind - man weiß ja nie, was da alles passieren könnte - werden sie von unserer Hündin begleitet. Unser kleines Mobil ist ein echtes Raum-Wunder: im Notfall könnten sogar vier Personen übernachten, denn Schlafmöglichkeiten sind genügend vorhanden; außer dem Bett im Alkoven (reserviert für Vater), erhält man, durch einfaches Umbauen der Sitzbänke im Essbereich, ein breites Besucherbett (in diesem Fall für Sohn vorgesehen).

Die Fahrt geht nach Oostvoorne an den ‚Autostrand', an welchem wir vor einigen Wochen bereits die Erfahrung mit der Sturmflut gemacht hatten. Es ist hochsommerlich warm und viel zu schade, um auch nur eine Minute der Zeit im Auto zu verbringen. Den ersten Urlaubstag verleben die drei Reisenden deshalb draußen am Strand oder im Wasser.

Da an diesem Küstenabschnitt jedoch die Überflutungsgefahr zu groß ist, darf man hier nicht übernachten. Also bleibt einem nichts anderes übrig, als einen, etliche Kilometer von der Küste entfernt liegenden, Stellplatz aufzusuchen, um dort die Nacht zu verbringen. Mit dieser Absicht verlassen meine drei Familienmitglieder am Abend den Strandbereich, passieren aber nach wenigen Metern einen Parkplatz, der direkt neben der Straße liegt. Schatz steuert den Parkplatz an, stoppt das Fahrzeug und lässt seinen Blick über den Parkbereich schweifen. Dann entwickelt sich der nun folgende Dialog:

Vater: „Weißt Du was, wir können doch einfach hier übernachten."

Sohn: „Warum?"

Vater: „Ohne weite Fahrt sind wir morgen früh gleich wieder hier am Strand."

Sohn: „Ist das denn erlaubt?"

Vater: „Die Bäume geben genug Schutz; wir fallen kaum auf."

Sohn: „Und falls doch jemand Kontrolle machen sollte?"

Vater: „Wir sagen, dass uns die Zeit fehlte, um einen Campingplatz zu finden."

Sohn: „Warum hatten wir keine Zeit?"

Vater: „Weil wir eben erst angekommen sind."

Sohn: „Nee Dad, das geht nicht!"

Vater: „Warum nicht?"

Sohn: „Das wird nicht funktionieren!"

Vater: „Wieso nicht?"

Sohn: „Es ist keine gute Ausrede!"

Vater: „Doch! Das passiert schon mal, wenn man am Abend anreist."

Sohn: „Es ist trotzdem fragwürdig!"

Vater: „Blödsinn."

Sohn: „Kein Blödsinn."

Vater: „Das wird schon klappen."

Sohn: „Man wird uns nicht glauben."

Vater: „Warum nicht?"

Sohn: „Wie willst Du dieses große Spinnennetz am Außenspiegel erklären? Für solch ein Gewebe braucht eine Spinne mehrere Stunden!"

Mein Liebster blickt erstaunt zum Spiegel auf der Beifahrerseite, sieht dort nun ebenfalls die achtbeinige Insektenfängerin in ihrem eindrucksvollen Netz, welches sie in stundenlanger Arbeit errichtet hatte, während das Fahrzeug am Strand geparkt war, und gibt seinem Sohn amüsiert Recht: „Stimmt! Das lässt uns irgendwie unglaubwürdig erscheinen. Also fahren wir nun doch zum offiziellen Stellplatz."

Verbotenes Terrain

Schatz: „Das ist unerträglich!"

Ich: „Was denn?"

Schatz: „Das Geschrei!"

Ich: „Welches Geschrei? Ich höre niemanden schreien!"

Schatz: „Doch. Du musst nur mal intensiv lauschen!"

Ich: „Also leises Geschrei?"

Schatz: „Es beginnt leise und wird immer lauter."

Ich: „Tut mir leid, ich höre Nichts! Hast Du Tinnitus?"

Schatz: „Was ist das denn?"

Ich: „Ja, das ist, wenn man Geräusche im Ohr hat."

Schatz: „Was kann man dagegen tun?"

Ich: „Geh mal morgen zum Arzt."

Schatz: „Und was hilft das dann?"

Ich: „ Es gibt Medikamente dagegen."

Schatz: „Ach. Bekomme ich keine Kur verschrieben?"

Ich: „Du willst doch nicht wirklich eine Kur oder?"

Schatz: „Doch! Badekur an der Nordsee, damit ich das Geschrei der Möwen live und vor Ort erleben kann."

Ich: „Ach sooooo. Da sind wir auch lange nicht gewesen."

Schatz: „Eben deswegen: in drei Tagen fahren wir los."

Kann man an der Nordsee Urlaub machen? Ja, man kann! Sehr gut sogar! Vorausgesetzt, Gummistiefel, Regenjacke und möglichst auch Regenhose sind eingepackt. Vorsorglich. Nur für den Fall…
Es könnte ja vorkommen, dass es mal regnet. Und dann will man ja nicht tagelang im Auto sitzen. Winddichte und wasserresistente Regenkleidung wäre nützlich. Aber, wie gesagt: nur für den Fall…
Eine gelbe, möglichst gefütterte, Plastikjacke mit Kapuze, auch bekannt unter dem Begriff ‚Friesennerz', sollte sich auf jeden Fall im Gepäck befinden! Ganz besonders empfehlenswert gegen Ende der Winterszeit, wenn Stürme und Tiefdruckgebiete über dem Atlantik ‚Schlange' stehen und nacheinander die Küstengebiete und das Festland von Holland erreichen. Nein, es muss nicht regnen, aber es kann passieren…

Wer noch nicht in Besitz dieser empfohlenen Kleidung ist, sollte eines der Geschäfte aufsuchen, die sich in den Hafenstädten längs der Nordsee- und Atlantik-Küste befinden. Diese Läden, in denen Seeleute und Fischer ihre wetterfeste Ausrüstung einkaufen, können wir auf jeden Fall empfehlen. Die Anschaffungskosten sind zwar etwas höher, aber Qualität, Beschaffenheit und Lebensdauer der dort erhältlichen Produkte sind unübertrefflich und man ist auch gegen Nässe von oben perfekt ausgestattet, falls es mal regnen sollte...

Aber: es ist ausgesprochen hilfreich, diese wetterfeste Bekleidung dann auch mitzunehmen und nicht zuhause zu vergessen!

In diesem Frühjahr werden wir also eine Reise durch die Niederlande machen, nicht nur, um das Geschrei der Möwen an der Nordseeküste zu erleben, sondern auch, um Land und Leute besser kennen zu lernen. Während unserer Fahrten durch Deutschland und halb Europa treffen wir - egal, wo wir auch sind - immer auch Mobil-Reisende aus den Niederlanden. Viele von ihnen lernen wir näher kennen und mit einigen verbindet uns eine lange Freundschaft.

Ich stelle fest, dass die Niederländer nicht nur besonders tolerant, weltoffen und fremdenfreundlich, sondern auch ein reisefreudiges Volk sind und teile Schatz meine Erkenntnisse mit. „Nein, nein" antwortet mein Schatz und korrigiert mich: „mit den ersten drei Feststellungen hast Du natürlich vollkommen Recht, aber das mit dem Reisen hat einen anderen Hintergrund. Das Land ist einfach zu klein für so ein großes Volk, und deswegen hat die Königin (damals war es noch Beatrix) per Gesetzt festgelegt, dass sich immer mindestens ein Drittel der Bevölkerung auf Reisen im Ausland befinden muss, damit der Rest des Volkes im eigenen Land genügend Platz hat. Sieh dir nur diese vollen Straßen an; die haben hier wirklich wenig Platz." Ich schaue belustigt zu ihm rüber, breche in Lachen aus und stelle fest: „Solch blöde Idee kann auch nur wieder von Dir stammen!"

Unser Aufenthalt in Amsterdam ist fantastisch. Ich hatte nicht erwartet, dass es eine so schöne Stadt ist; bin jedoch total begeistert. Das Wetter ist zwar windig, aber trocken und wir nutzen dies für ausgiebige Stadtbesichtigungen per Schiff, zu Fuß und mit dem Auto. Auch die Mentalität, Freundlichkeit und Hilfsbereitschaft der Menschen, nicht nur in Amsterdam, sondern überall in den Niederlanden, fällt uns immer wieder positiv auf.

Danach fahren wir an die Küste und erkundeten die Umgebung von Zandvoort. Die fast unendlich scheinende Dünenlandschaft lädt zu ausgiebigen Spaziergängen ein und unsere Hündin hatte richtig großen Spaß dort zu toben. Auch der große Strandbereich, der im Sommer sicherlich stark von Touristen besucht sein wird, gehörte fast uns alleine. Schuld daran wird wohl auch das inzwischen nasse, kalte und stürmische Wetter sein.

Mittlerweile sind wir nun weiter Richtung Süden unterwegs. Die Hafenstadt Noordwijk a/ Zee soll unser nächstes Ziel sein. „Der Ort ist nicht weit weg und wenn Du Dich immer geradeaus hältst, fahren wir direkt darauf zu" erkläre ich meinem Schatz, der am Steuer sitzt.

Etwas unmotiviert blicke ich nochmals auf die Straßenkarte und stelle beruhigt fest: ja, dort diese schmale Straße - direkt an der Küste entlang - bringt uns in den kleinen Hafen. Für meinen Geschmack lässt das Wetter seit zwei Tagen zu wünschen übrig; falls man sich über Sturm und Regengüsse jedoch freut, kommt man voll auf seine Kosten. Der Wind fegt tief hängende Wolken in allen Grau-Schattierungen über den Himmel, was den frühen Beginn der Dämmerung zusätzlich begünstigt.

Warum habe ich bloß die gefütterte Regenjacke zuhause vergessen, werfe ich mir selbst vor, als ich zurückdenke an den Strandspaziergang in Zandvoort, bei dem der Wind uns den Regen waagerecht entgegen fauchte. Stattdessen habe ich nur die dünne Kapuzenjacke mitgenommen, die zwar tod-chic aussieht, aber überhaupt nicht wärmt. Und es war richtig eisig kalt am Strand! Bestimmt bekomme ich eine derbe Erkältung. Wäre schön, wenn wir bereits im Hafen wären und Fisch essen könnten, denke ich und fühle mich richtig unzufrieden.

Die Fahrbahn ist mittlerweile wirklich sehr schmal geworden, weit und breit keine Ortschaft in Sicht, nicht mal ein Ortsschild. Auch eine Straßenbeleuchtung ist nur sehr spärlich, also so gut wie gar nicht, vorhanden. Wir kommen an eine kleine Kreuzung und Schatz fragt: "Sind wir hier richtig? Das kommt mir irgendwie komisch vor…" Ich gebe ihm zu verstehen, dass ich ohne Licht auf der Karte nichts mehr erkennen kann. Um die Innenraumbeleuchtung einzuschalten, stoppt Schatz deshalb das Mobil am rechten Straßenrand und gemeinsam schauen wir uns nun die Karte an, um herauszufinden, wie wir weiterfahren sollen.

Plötzlich steht ein Fahrzeug mit Blaulicht neben unserem Auto. Zwei bewaffnete Beamte steigen aus dem Wagen, kommen auf uns zu und verlangen nach Ausweis und Fahrzeugpapieren. „Ach Du Sch…, das hat uns ja gerade noch gefehlt" denke ich, bin mit einem Mal wieder voll konzentriert und überlege, was wir wohl falsch gemacht haben könnten. Zu schnell gefahren? Nein, ganz sicher nicht!

Nach Kontrolle der Papiere und Überprüfung des Kennzeichens, beginnt die Befragung: „Was macht Ihr hier? Wie lange seid Ihr schon hier? Wo wollt Ihr hin?" Schatz übernimmt das Wort und antwortet: „Wir machen hier Urlaub. Kommen gerade von Zandvoort und wollen jetzt nach…" fragend schaut er zu mir rüber und erwartet, dass ich ihm den Ortsnamen jener Hafenstadt nenne, die wir als nächstes besuchen wollen. Vor lauter Aufregung bekomme ich keinen Ton mehr heraus, gebe ihm nur wortlos die Karte und deute mit dem Finger auf die Stelle mit dem gesuchten Hafen. „Ah, Noordwijk" erklärt Schatz, „wir wollen nach Noordwijk. Sind wir hier richtig oder haben wir uns verfahren?" richtet er die Frage an die Polizisten. Diese entgegnen in strengem Tonfall: „Ihr dürft hier überhaupt nicht fahren! Hier ist militärisches Sperrgebiet!"

‚Oh no!' schießt es mir durch den Kopf und ich mache mir selbst den Vorwurf: ‚hättest Du nur besser aufgepasst…'

„Oh, das tut mir leid, war nicht unsere Absicht" entschuldigt sich Schatz bei den Beamten und fragt „Und was sollen wir jetzt machen? Wie fahren wir jetzt weiter?" Die beiden Polizisten tuscheln miteinander, sehen noch einmal prüfend zu uns und befehlen dann: „Ihr fahrt jetzt hinter uns her!" Schatz startet wortlos den Motor. Mir wird schlecht vor Aufregung und ängstlich frage ich ihn, während meine Gedanken sausen…: „werden wir nun verhaftet oder was?" „Quatsch! Das wird sich schon gleich aufklären!" versucht er mich zu beruhigen.

Doch meine aufgewühlten Gedanken wollen sich nicht besänftigen lassen und schreckliche Horror-Geschichten, die uns von anderen Wohnmobil-Reisenden unterwegs schon erzählt wurden, kommen mir in den Sinn. Sogleich breitet sich eine absurde Idee in meinem Kopf aus: ‚Und wenn das nun gar keine echten Polizisten sind, werden wir möglicherweise jetzt entführt'. ‚So ein Quatsch' sage ich dann lautlos zu mir selbst und muss grinsen.

Wir folgen brav und mit vorgeschriebenem Abstand dem Wagen der echten oder falschen Ordnungshüter, müssen einige Male abbiegen und Straßen kreuzen, und haben bald völlig die Orientierung verloren. Und schon breitet sich der düstere Gedanke von vorhin abermals aus: ‚ENTFÜHRT UND AUSGERAUBT' wird dann als Überschrift in den Tageszeitungen zu lesen sein, denke ich.

Zwischenzeitlich ist es stockdunkel geworden und es regnet noch immer, aber zumindest lässt die Beleuchtung erkennen, dass wir uns wieder in der Nähe einer Ortschaft befinden. Noch einmal nach rechts abbiegen, dann eine geschwungene lange Linkskurve, das Polizeiauto stoppt und auch wir parken unser Fahrzeug in knapp vier Metern Entfernung. Der Beamte von der Beifahrerseite steigt aus, verharrt neben dem Polizeiwagen; mit gut sichtbarer Waffe beobachtet er uns einen Moment und ich denke: ‚O Gott, gleich wird er uns erschießen' und sehe - vor meinem geistigen Auge - auch schon die Schlagzeilen in der Presse: HARMLOSE DEUTSCHE TOURISTEN KALTBLÜTIG ERSCHOSSEN!

Doch Nichts dergleichen geschieht. Denn nach diesem kurzen Innehalten kommt der Gesetzeshüter langsam auf unser Auto zu, bleibt erneut am geöffneten Seitenfenster unseres Mobiles stehen, lächelt uns an und sagt: „Ihr seid jetzt im Hafen von Noordwijk; Ihr wolltet doch nach Noordwijk, ja? Wenn Ihr hier übernachten wollt, könnt Ihr dort vorne rechts parken. Schönen Urlaub und gute Fahrt! Immer schön aufpassen, dass Ihr nicht in verbotenem Terrain spazieren fahrt!" und ist schon wieder auf dem Weg zurück zu seinem Kollegen.

Schatz und ich schauen uns an; ungläubig, aber erleichtert. „Na, das ist ja mal ein Service: mit Polizei-Eskorte ans Urlaubsziel. So etwas kann auch nur uns passieren!" stellt mein Liebster lachend fest.

Nach einem wohlverdienten Abendessen mit Fischfilet, Pommes und Remoulade (nee, wir sind nicht sehr anspruchsvoll nach dem heutigen Tag), welches wir uns in einer Hafenkneipe in Noordwijk servieren lassen, können wir sogar beide noch Bier dazu bestellen, da wir ja nicht mehr fahren müssen und direkt hier im Hafengebiet übernachten dürfen. Wir Glückskinder!

Doch die militärische Macht-Demonstration folgt in den kommenden Tagen: eindrucksvoll zeigt eine Fliegerstaffel am Himmel immer wieder Präsenz und absolviert ihre Flugübungen und Formationsflüge hoch über unseren Köpfen. Bestimmt haben Sie uns daran erinnern wollen, auf Ausflüge in militärische Sperrgebiete unbedingt zu verzichten!

Nette Leute

Wir folgen der Küste in südliche Richtung, erreichen die Hafenstadt Katwijk, vorbei an Feriengebieten und Campingplätzen fahren wir bis Scheveningen, stellen aber fest, dass es uns hier nicht so recht gefällt und setzen die Tour fort. Über Den Haag, Terheijde, Monster (ja, der Ort heißt wirklich so!) kommen wir nach s'-Gravenzande. Eine gute Wahl für eine Übernachtung: wir finden einen ausgedehnten Strandbereich, Parkplätze direkt hinter den Dünen, Orte für den Einkauf in der Nähe. Auch hier, wie fast überall im Land, werden wir von - uns völlig fremden Menschen - am Strand oder in der Stadt freundlich gegrüßt; man erkundigt sich, woher wir kommen oder gibt uns Tipps für Besichtigungen oder Restaurant-Besuche.

„Kennst du übrigens ein besonderes Verhalten der Niederländer?" fragt mein Schatz mich. „Nee, erzähle mal" fordere ich ihn auf, mir davon zu berichten, worauf er beginnt, mir von seinen Beobachtungen zu erzählen: „Die Holländer reisen nicht nur gerne mit Wohnanhänger und mittlerweile auch mit Camperfahrzeugen, sondern lieben es, Picnic zu machen. Und zwar immer und überall. Auch an den unmöglichsten Orten und zu allen Tageszeiten." „Wirklich?" frage ich, etwas ungläubig, weil ich bei meinem Liebsten ein Grinsen im Gesicht entdecken kann und nicht sicher bin, wie ernst seine Geschichte gemeint ist. „Doch" bekräftigt er nun, „Du musst mal darauf achten, wenn wir unterwegs sind." „Ist doch ganz normal. Wir sind doch im Grunde genommen auch nicht anders oder?" antworte ich, in Anspielung auf unsere Ausflüge mit Wohnmobil. „Bist Du schon mal auf die Idee gekommen, auf einem Autobahn-Parkplatz oder an einem Straßenrand Campingmöbel auszuräumen und Picnic zu machen?" fragt mein Liebster mich. „Nee, nicht wirklich!" gebe ich, nun auch lachend, zu, korrigiere mich aber direkt und erinnere an eine unserer Touren über diverse Alpenpässe in der Schweiz, wo auch wir, an einem Straßenrand Rast gemacht, die tolle Aussicht genossen, Kuchen gegessen und Kaffee getrunken haben. „Stimmt" gibt mein Schatz mir nun Recht und ergänzt: „Das ist typisch holländisches Verhalten!

Wahrscheinlich stammen Vorfahren von uns aus den Niederlanden!" Ich denke noch eine Weile über dieses Thema nach und nehme mir vor, das Campingverhalten von Reisenden ganz allgemein genauer zu beobachten…

Tags darauf erreichen wir Hoek van Holland und können wieder, dieses Mal auf der anderen Seite der Maas-Mündung, den Schiffsverkehr an der Einfahrt des Rotterdamer Hafens bestaunen. Dennoch: der Platz auf der anderen Hafenseite gefällt uns besser, stellen wir gemeinsam fest.

Unseren letzten Urlaubstag haben wir für die Rückfahrt nach Hause reserviert. Wir bedauern beide, dass die Zeit so schnell vergangen ist und beschließen: dies ist nicht unser letzter Besuch in Holland.

Eine wichtige Mission haben wir vor unserer Abreise jedoch noch zu erfüllen: wir müssen einkaufen gehen. Nicht nur ein paar Lebensmittel für uns, sondern auch für die Lieben zuhause haben wir ein paar nette Aufmerksamkeiten zu besorgen. Mit unserer Einkaufsliste betreten wir den Supermarkt. Als wichtigsten Artikel an oberster Stelle hat mein Schatz „Vla" notiert. Vla, eine Erfindung der Niederländer, ist eine Art Sahne-Pudding, nur etwas flüssiger und erhältlich in vielen verschiedenen Geschmacksrichtungen, wie Vanille, Schokolade, Karamell oder mit Fruchtgeschmack, abgefüllt in Kartonverpackungen, wie die Milch bei uns in Deutschland. Nicht nur wir, sondern auch alle unsere Familienmitglieder lieben dieses Milcherzeugnis und bedauern sehr, dass es in Deutschland nicht erhältlich ist. Da es jedoch ein Frischmilch-Produkt ist, muss es gekühlt aufbewahrt werden und hat nur eine knapp bemessene Haltbarkeit. Was im Grunde genommen auch ziemlich egal ist, weil, sobald die Packung einmal geöffnet ist, scheint sich eine Art Auflösungsautomatik in Gang zu setzen, denn kurze Zeit später ist der Karton auch schon leer.

Das bedeutet, wir müssen eine größere Menge Vla einkaufen, damit es auch für alle reichen wird! Doch was tun, wenn im Kühlschrank sowieso kaum Platz ist? Ich räume hin, ich räume her, ich räume um, ich staple übereinander und nebeneinander; was nicht unbedingt gekühlt werden muss, wird in einem der anderen Schränke untergebracht. Das Einräumen und Organisieren im Kühlschrank ist meine Aufgabe, weil ich die perfekte Einpackerin bin. Das hat allerdings den Nachteil, dass mein Schatz im Kühlschrank nie das findet, was er sucht und deswegen gar nicht mehr versucht, etwas zu finden. Ich höre dann nur irgendwann: „Wo ist denn der Käse?" oder „Der Schinken ist nicht da!" oder noch schlimmer, weil mit vorwurfsvoller Stimme: „Warum versteckst du immer die Butter?"

Nachdem wir unsere Einkäufe (neben Vla sind dies etliche Packungen Stroopwaffels, diverse Frites-Saucen, Ketchup, eine dicke Scheibe alter Gouda, eine Großpackung Rosinenbrötchen, eine Flasche normaler Sirup und eine Flasche Ahornsirup) sicher verstaut haben, beginnt unsere Heimfahrt.

Als vor uns ein Transport-Fahrzeug mit niederländischen Kennzeichen und der Staatskennzeichnung ‚NL' fährt, fragt mein Schatz mich: „Weißt du übrigens, was das NL auf den holländischen Autos bedeutet?" „Klar: Niederlande" antworte ich, ohne großes Nachdenken. „Falsch" meint mein Schatz und korrigiert mich: „Es ist die Abkürzung für ‚Nette Leute'!" Mit einem zustimmenden Kopfnicken bestätige ich lachend: „Logisch, da hätte ich auch drauf kommen müssen".

Erblich bedingt

Wir nutzen ein verlängertes Wochenende und fahren nach Frankreich. Nein, nicht an eine der zahlreichen Küsten, die hunderte von Kilometern entfernt sind, sondern ‚nur' auf die andere Rheinseite. Nach einer kleinen Runde durch das Elsass fahren wir weiter nach Strassburg. Unsere Stadtbesichtigung beenden wir mit köstlichem Elsässer Flammkuchen und einem Wein aus der Region. Bevor wir am nächsten Tag wieder den Rhein überqueren, um nach Breisach zu gelangen, machen wir noch ein paar Einkäufe, auch für Zuhause. Einige Produkte sind in Frankreich nicht nur besser als bei uns, sondern einfach anders. Auf diese Weise werden wir immer ein klein wenig an unsere vergangene Fahrt erinnert und können das Gefühl von Ferien oder Urlaub künstlich verlängern. Ich weiß schon, es ist ein Selbstbetrug, aber es wirkt!

Zurück auf der deutschen Rheinseite unterbrechen wir unsere Fahrt für eine Kaffeepause. Zum Kaffee gibt es frisches Baguette, sahnigen Rustique-Käse (mit wirklich sehr rustikalem Aroma!) und Weintrauben. Zufrieden sitzen wir im Wohnmobil und genießen unser zweites Frühstück, als sich folgendes Gespräch entwickelt:

Ich: „Wir sollten viel öfter nach Frankreich fahren."

Schatz: „Warum?"

Ich: „Ich liebe die französische Sprache."

Schatz: „Ja. Französisch klingt schön, ist aber schwer."

Ich: „Ich höre gerne Musik aus Frankreich."

Schatz: „So, so."

Ich: „Kennst Du Tarte au Citron?"

Schatz: „Ja. Die schmeckt besonders lecker."

Ich: „Bevor wir uns kannten, habe ich oft Urlaub in Frankreich gemacht."

Schatz: „Ach, das wusste ich gar nicht."

Ich: „Das Wort Frankreich kenne ich bereits seit frühester Kindheit."

Schatz: „Hast Du in Frankreich Verwandtschaft?"

Ich: „Nein; nicht wirklich! Dennoch muss es erblich bedingt sein."

Schatz: „Verstehe ich nicht."

Ich: „Mein Vater hatte beruflich oft in Frankreich zu tun."

Schatz: „Und weiter."

Ich: „Er war total begeistert von Land, Menschen und Lebensart."

Schatz: „Und Du denkst, das hat sich auf Dich übertragen?"

Ich: „Ganz sicher!"

Ausgerechnet in diesem Moment wird im Radio „Frankreich, Frankreich" von den Bläck Fööss gespielt. Wir sehen uns an und brechen in albernes Gelächter aus.

Die Einladung

Das Schicksal hält doch immer wieder mal Überraschungen bereit; nicht nur negative, sondern durchaus auch sehr positive!

Gegen Frühsommer begegnen wir in einem Geschäft einer jungen Frau, die offensichtlich nach etwas Bestimmtem sucht, dieses aber nicht finden kann. Wir kommen mit ihr ins Gespräch und sie erzählt uns, dass sie auf der Suche nach Lektüre zum Thema Reisen mit Wohnmobil ist. *Wohnmobil* ist das richtige Stichwort und so haben wir von Anfang an ein gemeinsames Thema, über das es sich zu reden lohnt.

Das Gespräch wird intensiver und es stellt sich heraus, dass die, bis dahin noch Fremde, aus Frankreich kommt und mit ihrer Freundin in Deutschland unterwegs ist, um der sommerlichen Hitze in Marseille zu entgehen. Auch die Freundin, Madame D. M. (ebenfalls eine Französin) hat mittlerweile das Geschäft betreten und lauscht dem Gespräch, welches wir in deutscher Sprache führen können, weil Madame S. perfekt deutsch spricht.

Neugierig fragt mein Schatz, wie denn das Leben in Marseille ist und welche schönen Orte und Landschaften es in der Umgebung zu entdecken gäbe. Der diesjährige Jahreswechsel ist zwar noch in weiter Ferne, aber da es ein besonderes Datum ist, nämlich der Millennium, haben wir uns vorgenommen, diesen Tag auch an einem außergewöhnlichen Ort zu feiern. Die Mittelmeerküste wäre eine gute Wahl.

Wir lauschen den Erzählungen über die Provence und die Natur in der Camargue und erfahren, dass auch die Küste westlich und östlich von Marseille sehenswert sei. Für Schatz und mich ist es schon fast beschlossene Sache, dass unsere Millenniums-Reise in die Provence führen wird, als Madame S. E., nach Absprache mit ihrer Freundin, uns für Silvester nach Marseille einlädt.

Oh nein, vielen Dank, aber das ist nicht notwendig, versuchen wir den Französinnen klar zu machen. Doch, das MUSS sein – basta! „Ihr müsst kommen!" Okay, Widerstand zwecklos. Wir merken, dass die Einladung wirklich ernst gemeint ist und können es irgendwie kaum glauben. Nach dem Austausch unserer Adressen und Telefonnummern verlassen die beiden Touristinnen das Geschäft und setzen ihren Urlaub in Deutschland fort.

Schatz und ich sind irgendwie perplex, weil uns so etwas noch nicht passiert ist. Eine Einladung von wildfremden Menschen, in eine uns unbekannte Stadt, die zu der Zeit auch noch einen ziemlich schlechten Ruf hat… was sollen wir davon halten?
Andererseits machen die beiden Frauen einen seriösen Eindruck auf uns und das freundschaftliche Verhalten sowie die Offenheit lassen kaum Zweifel an der Ernsthaftigkeit der Einladung.

Es verstreichen einige Wochen, aber die Begegnung wirkt noch lange nach.

Frankreich, Frankreich

„Fahren wir in diesem Herbst wieder nach Italien?" fragt mich Schatz eines Tages. Ich denke kurz nach und fange dann zu singen an: „Frankreich, Frankreich…"

Nachdem wir uns - wegen meines schrägen Gesangs - von unserem Lachanfall beruhigt haben, füge ich hinzu: „Eigentlich würde ich gerne in die Camargue. Ich kenne zwar die Küste zwischen Nizza und Toulon, aber weiter westlich bin ich noch nicht gewesen. Außerdem haben die beiden Französinnen so sehr geschwärmt von der Gegend. Ja, Südfrankreich wäre schön!" „Gute Idee! Dann machen wir das!" meint Schatz und fängt mit der Urlaubsplanung und -vorbereitung an.

Auch unser Fahrzeug kommt in diesem Fall mal wieder zu seinem Spaß und darf die vielgeliebte Strecke Richtung Lyon einschlagen, ohne dass wir mit ihm schimpfen müssen. Zwischen unseren Aufenthalten am Meer fahren wir immer wieder mal für ein Wochenende nach Frankreich. So haben wir unter Anderem bereits die Umgebungen von Dijon, Besancon, Dole und Bourg-en-Bresse erkundet, doch bis Lyon und weiter südlich haben wir es bisher nicht geschafft.

Im September geht es los. Wie immer haben wir - aus beruflichen Gründen - wenig Zeit und ‚düsen' auf schnellstem Weg über die Autobahn unserem Ziel entgegen.

Da wir am Abend starten und uns beim Fahren abwechseln, erreichen wir bereits am nächsten Morgen die Camargue. Sobald wir die Autobahn verlassen, bin ich allerdings wieder Beifahrerin und ‚navigiere' mit Hilfe der Straßenkarte meinen Schatz an unser Ziel: die Küste. Bis hinter Arles sind die Straßen noch gut ausgebaut und beschildert, werden danach jedoch immer kleiner und man braucht schon einen gewissen Abenteuersinn, um sich auf Wege zu trauen, wie wir es oft tun.

Salin-de-Giraud heisst der letzte Ort, bevor man praktisch ins Wasser fällt. Ab hier führt eine schmale Straße vorbei an Wasserflächen zur Meersalzgewinnung und an hohen weißen Salz-Bergen, bis plötzlich, nach einer letzten Kurve, das Meer vor uns liegt.

„Wir sind daaaa! Am Mittelmeer angekommen!" Unsere Begeisterung ist überschwänglich und lässt sich kaum noch steigern. „Wir sind gar nicht so lange gefahren" stelle ich überrascht fest. Schatz schaut auf den Kilometerzähler und meint: „Es ist auch längst nicht so weit wie nach Süditalien. Wir sind fünfhundert Kilometer weniger gefahren." „Das ist doch prima. Dann können wir jetzt öfter hierher kommen" ist sogleich meine Idee.

Nach einigen erholsamen Tagen am Strand machen wir uns auf den Weg, nicht nur die Camargue, sondern auch die Küstengebiete im Südwesten Frankreichs zu erkunden.

Auf Abwegen

Wie beschlossen fahren wir nun an der Küste entlang in westliche Richtung und besuchen kleinere Orte wie Aigues-Mortes oder le Grau-du-Roi, aber auch die Stadt Montpellier. Als nächstes erreichen wir die Touristen-Hochburg La Grande-Motte bei Sete. Als wir in Sete ankommen, fühlen wir uns fast wie in Venedig oder Amsterdam; Bauweise der Brücken über Kanäle und Grachten, aber auch die Häuser erinnern uns stark an Italien und die Niederlande. La Grande Motte selbst ist jedoch uninteressant für uns, weil einfach nur überlaufen vom Tourismus. Wir verlassen die schön gelegene Küstenstraße umgehend und finden stattdessen unweit von Agde einen angenehmen und ruhigen Übernachtungsplatz. Gut erholt geht unsere Reise nun in südlicher Richtung weiter; wir haben geplant, der Küste bis zur spanischen Grenze zu folgen.

Doch was hilft der beste Plan, wenn er nicht eingehalten wird? Oder anders gefragt: warum müssen wir uns stur an den Plan halten, wenn unterwegs auch weitere lohnende Ziele locken?

Ich, mit dem großen Straßenatlas von Frankreich (von dem unsere Hündin in einem Anfall von Langeweile kürzlich eine Ecke abgeknabbert hat) auf den Knien, sehe das Wort Pyrenäen und schon blinkt es in meinem Hirn: kenne ich nicht - will hin! An den Fahrer gewandt beginne ich direkt mit meinem Vorschlag: „Schatz, ich war noch nie in den Pyrenäen. Wenn wir schon hier sind, ganz in der Nähe, könnten wir dann nicht auch …?" Weiter brauche ich nicht zu reden, Schatz weiß schon Bescheid, überlegt kurz und meint: „Wie Du willst. Dann fahren wir jetzt nach Andorra. Vielleicht finden wir dort einen Sticker, den wir, neben den anderen Aufklebern, außen an den Wagen kleben können. Außerdem gibt es da günstig Zigaretten und Alkohol." „So machen wir das" beschließen wir gemeinsam.

Von Narbonne bis Carcassonne nehmen wir die Autobahn; danach erreichen wir via Landstraße bald die Pyrenäen und folgen nun der

Route direkt ins Gebirge und nach Andorra. Bereits seit wir die Mittelmeer-Region verlassen haben, ist die Sonne kaum mehr zu sehen, der Sommer macht Pause. Langsam schnauft unser Diesel sich zu den Gipfeln der Pyrenäen empor. Das viel sagende Gespräch während der Fahrt nach Andorra ist nachfolgend dokumentiert:

Ich: „Schatz, warst Du schon einmal in den Pyrenäen?"

Schatz: „Ja, ist aber lange her."

Ich: „Ist es schön hier?"

Schatz: „Oh ja, wenn man Berge und eine schöne Aussicht liebt."

Ich: „Welche Berge?"

Schatz: „Zum Beispiel der, den unser Auto gerade bezwingen muss."

Ich: „ Ach, das ist ein Berg? Sieht man gar nicht."

Schatz: „Ja, ein ziemlich hoher Berg im Nebel."

Ich: „Hmm, den Nebel sehe ich auch, bin ja nicht blind!"

Schatz: „Und schön grün ist es hier auch."

Ich: „Glaube ich nicht. Ich sehe hier alles nur Grau in Grau."

Schatz: „Vielleicht wird es besser, wenn wir oben ankommen."

Ich: „Und dann haben wir eine schöne Aussicht?"

Schatz: „Kann doch sein, dass der Nebel verschwindet…

Ich: „Sind wir bald oben?"

Schatz: „Kann nicht mehr lange dauern."

Ich: „Oh, was tropft denn da auf die Windschutzscheibe?"

Schatz: „Es beginnt zu Regnen."

Ich: „Nebel UND Regen? Boa, ist das hässlich hier!"

Schatz: „Nein, es ist schön hier, bei klarem Wetter!"

Ich: „Wann sind wir oben?"

Schatz: „Wir nähern uns der Passhöhe.

Ich: „Es ist verdammt kalt geworden!"

Schatz: „Wir sind ja auch mitten im Gebirge."

Ich: „Woher weißt Du das? Man sieht nichts als Nebel und kann nicht erkennen, wo man sich befindet!"

Schatz: „Wir können doch froh sein, dass es nicht auch noch schneit!"

Ich: „Schnee können die hier auch? Nee Du, lass uns von hier verschwinden! Ist ja ekelhaft!"

Schatz: „Umkehren können wir jetzt nicht mehr. Wir sind gleich in Andorra"

Ich: „Schade. Wer ist bloß auf die blöde Idee gekommen, in die Pyrenäen zu wollen…"

Unsichtbare Schönheit

Nach unserer Fahrt durch die nicht sichtbare, aber angeblich wunderschöne Landschaft der Pyrenäen, erreichen wir Andorra. Es ist noch immer nebelig, es nieselt, aber zum Glück bleibt uns Schneefall erspart. „Und was machen wir nun?" frage ich meinen Schatz, der unser Fahrzeug bereits parkt. „Nun tauschen wir etwas Geld, damit wir hier einkaufen können. Dann kaufen wir steuerfreie Zigaretten und vielleicht finden wir noch andere Sachen zu günstigen Preisen." Zu jener Zeit gibt es den Euro noch nicht. Wenn man im Ausland einkaufen will, muss man D-Mark in die entsprechende Fremdwährung umzutauschen; ein Prozess, der uns schon immer reichlich auf die Nerven geht und der, in absehbarer Zeit, ein Ende haben wird.

Andorra, der kleine Staat in den Pyrenäen, besteht hauptsächlich aus der Hauptstadt ‚Andorra la Vella' und ein wenig Gegend drum herum, - angeblich eingerahmt von einer schönen Gebirgslandschaft, was ich nicht bestätigen kann, da ich nichts, aber auch gar nicht davon zu sehen bekomme. Ich fühle mich irgendwie betrogen. Mein erster und einziger Besuch in den Pyrenäen wird mir so verdorben; das ist ungerecht! So passiert ist, dass ich auch überhaupt kein näheres Interesse an diesem Ausflug entwickle und ziemlich missgelaunt neben meinem Schatz hertrotte, als wir die Hauptstraße in Andorra la Vella entlang laufen. Jede Menge Autoverkehr, jede Menge Touristen und: ekelhaftes Wetter! „Nein, hier will ich mich nicht lange aufhalten" eröffne ich meinem Schatz meine Gedanken. Er nimmt mich bei der Hand und versucht mich zu besänftigen: „Wir gehen jetzt mal in den Shop dort. Da ist es bestimmt trocken und gemütlich warm."

Wir betreten den Duty-free-Shop und ich bin erstaunt über die enormen Ausmaße des Ladens. Das Angebot an diversen Wein-, Sekt- und Champagner-Sorten sowie eine beeindruckende Spirituosen-Auswahl fallen am meisten auf. Alle anderen Waren scheinen eher Nebensache zu sein, denn die hier anwesenden Kunden decken sich hauptsächlich mit Getränken ein, wie ich feststelle. Schatz findet irgendeinen witzigen Aufkleber, allerdings nicht mit dem erhofften Schriftzug ‚ANDORRA', der zukünftig irgendwo auf unserem Fahrzeug kleben wird. Da wir, außer Wein und Sekt keinen Alkohol trinken, die Chance auf ein Schnäppchen aber nutzen wollen, beginnt sich unser Einkaufskorb zu füllen, mit Mitbringseln für die daheim gebliebenen Familienmitglieder und Freunde. An der Kasse bezahlen wir schließlich: 3 Flaschen Rotwein, 1 Flasche weißen Muskat-Wein (schön süß, und deshalb für Schatz bestimmt), 1 Flasche Champagner für irgendeinen passenden Anlass, 1 Flasche Likör für Opa, 1 Packung mit Süßigkeiten für Oma und 2 Stangen Zigaretten. Alles in einem für Weinflaschen gemachten Pappkarton verpackt und die Süßigkeiten gemeinsam mit den Zigaretten in einer Tüte.

Zurück in unserem Fahrzeug sagt Schatz: „Den Karton stellen wir jetzt erst einmal in das Spülbecken; dort sind die Flaschen sicher aufgehoben und der Zoll kann gleich sehen, was wir gekauft haben und die Zigaretten lege ich hier in den Schrank. Wenn wir dann später unser nächstes Ziel erreichen, müssen wir die Flaschen gut verpacken, damit sie während der Weiterfahrt nicht scheppern oder kaputt gehen."

Wir laufen noch ein Stück mit unserer Hündin; es ist zwischenzeitlich Nachmittag und das Wetter unverändert ungemütlich. Einer der Shop-Besitzer hat jedoch erzählt, dass es nur wenige Kilometer weiter südlich traumhaft schön sei und so beschließen wir, diesen Ort zügig wieder zu verlassen.

Wir erreichen den Grenzübergang zwischen Andorra und Spanien. Der Grenzbeamte kontrolliert Pässe und Fahrzeug-Papiere und verordnet, unser Auto ganz nach rechts zu fahren und dort zu parken, damit er die Fahrzeugkontrolle durchführen kann.

Ganz schlecht, denke ich, denn ich kenne unsere Hündin… Schatz hat auch gleich die gute Idee und sagt: „Ich nehme Sunny jetzt an die Leine und gehe mit ihr nach draußen, dann kann der Zollbeamte hier in Ruhe seine Kontrolle durchführen, ohne dass er Angst haben muss, gefressen zu werden. Die Geldbörse liegt hier, falls Du nachträglich Zoll bezahlen musst!" Gesagt – getan!

Als der Grenzbeamte unser Wohnmobil betritt, gehen bei unserer Hündin sämtliche Alarmglocken los: ein Fremder in meinem Auto! Unverschämtheit! Was macht der mit meinem Frauchen? Ich muss helfen, ich muss helfen. Lass mich von der Leine, damit ich helfen kann. So oder so ähnlich mögen ihre Gedanken sein. Sie zerrt nicht nur heftig an der Leine, sondern bellt mit einer Entschlossenheit und Lautstärke, wie ich es noch nie vorher erlebt habe. Die Metallüberdachung, welche die Grenzstation gegen Regen schützt, gibt das Gebrüll unserer Hündin als Echo mehrfach zurück, so dass es den Eindruck erweckt, ein ganzes Rudel wilder Hunde würde bellend neben dem Auto stehen.

Solches Gebell kann niemand lange aushalten, schon gar nicht die zart besaiteten Grenzbeamten, die hier ja nur ihre Arbeit tun. Obwohl Schatz und Hund sich mittlerweile etliche Meter von unserem Fahrzeug entfernt haben, lärmt unser Vierbeiner unbeirrt weiter und zieht die Blicke sämtlicher Anwesenden auf sich.

Der Beamte, welcher noch vor einer Minute in unserem Wagen stand, hat diesen fluchtartig wieder verlassen und erlaubt uns die Weiterfahrt - möglichst sofort, weil, dieser Lärm ist ja unerträglich!

Unsere Hündin beruhigt sich schnell, als Schatz mit ihr wieder in unser Auto einsteigt und wir kurze Zeit darauf den Wagen starten, um Richtung Barcelona zu fahren. Der sich dann entwickelnde Dialog folgt auf der kommenden Seite…

Reise-Dialog 1

Schatz: „Unser Hund kann ja richtig böse werden!"

Ich: „Na, kein Wunder. Fremdling im Auto. Mit Frauchen!"

Schatz: „Sie ist wirklich ein guter Beschützer!"

Ich: „Ich bin froh, dass wir sie haben."

Schatz: „Und laut ist sie gewesen."

Ich: „Wie ein wildes Tier."

Schatz: „Die waren bestimmt froh, als wir wieder gefahren sind."

Ich: „Der Zollbeamte war auch ganz schnell fertig."

Schatz: „Wie lief es denn mit dem Zoll?"

Ich: „Super!"

Schatz: „Was hast Du zahlen müssen?"

Ich: „ Nichts!"

Schatz: „Wie? Nichts?"

Ich: „Absolut gar Nichts!"

Schatz: „Aber für Wein und Likör?"

Ich: „Nee, hat er nicht nach gefragt."

Schatz: „Was hat er denn gefragt?"

Ich: „Er hat in englischer Sprache gefragt, ob wir Whiskey haben."

Schatz: „Was hast du geantwortet?"

Ich: „Na, die Wahrheit!

Schatz: „Dass wir Likör und Schampus dabei haben?"

Ich: „Nee! Danach hat er nicht gefragt! Er fragte nur nach Whiskey."

Schatz: „Und Du hast auch kein Wort über den Wein verloren?"

Ich: „Nee! Auch nach Wein hat er nicht gefragt!"

Schatz: „Du hast doch mit ihm gesprochen. Was hast Du gesagt?"

Ich: „No Mister, we don't drink Whiskey."

Schatz: „Mit Whiskey meinte er Alkohol ganz allgemein."

Ich: „Wir trinken doch keinen Alkohol!!!"

Schatz: „Nee, nur Wein, wenn überhaupt."

Ich: „Er hätte nur die richtige Frage stellen müssen! Außerdem ist der Karton deutlich zu sehen. Ich habe jedenfalls nicht gelogen und nichts verheimlicht!"

Dennoch werfe ich einen Blick in den Rückspiegel, um mich zu vergewissern, dass wir nicht vom Zoll verfolgt werden…

Auto zu klein

Nach unserem Spontan-Besuch und dem echt günstigen Einkauf in Andorra fahren wir nun Richtung Barcelona. Schon bald lichtet sich der Nebel und der Himmel wird zusehends blauer. Freude breitet sich aus.

Noch in den Ausläufern der Pyrenäen finden wir einen schönen Platz zum Übernachten und genießen die späte Sonne während unseres Abendessens im Freien. So ist Urlaub wieder schön!

Den kommenden Tag wollen wir in Barcelona verbringen, danach langsam wieder an den Heimweg denken und die Küstenstraßen in nördliche Richtung und zurück nach Frankreich fahren, mal hier, mal dort Rast machen und bleiben, wo es uns gefällt. Wir erleben eine sehr interessante Tour, jedoch ohne bemerkenswerte oder unangenehme Zwischenfälle, bis wir in Roses Station machen. Unterwegs halten wir noch bei einer Konditorei, kaufen lecker süßen Kuchen, den wir irgendwo in Wassernähe zu einer frisch gebrühten Tasse Kaffee genießen werden.

Wir entdecken den Yachthafen in Roses und beschließen: hier ist der perfekte Platz für eine Kaffeepause, mit freiem Blick auf das Meer und die Hafeneinfahrt!

Der Kaffee duftet bereits, Kuchen steht auf dem Tisch, das Fenster ist weit geöffnet und wir reden über dies und jenes, bis Schatz eine Idee hat. Dieser aufschlussreiche Dialog im Hafen ist nachfolgend dokumentiert:

Schatz: „So finde ich es wieder schön. Ohne störende Berge."

Ich: „Ja, ich weiß, dass Berge nicht Deine Favoriten sind."

Schatz: „Berge sind blöd!"

Ich: „Nicht unbedingt. Ich mag beides: Meer und Berge!"

Schatz: „Aber mit einem Boot kommst Du nicht den Berg hinauf."

Ich: „Hä?"

Schatz: „Ich wünsche mir ein Boot."

Ich: „Ah ja!"

Schatz: „Das könnten wir dann hier zu Wasser lassen."

Ich: „Seit wann hast Du diesen Wunsch?"

Schatz: „Schon länger."

Ich: „Darüber haben wir noch nie gesprochen."

Schatz: „Hat sich bisher nicht ergeben."

Ich: „Hm. Da ist ein Problem.

Schatz: „Welches?"

Ich: „Das Transportproblem."

Schatz: „Welches Transportproblem?"

Ich: „Unser kleines Auto wird kein großes Boot ziehen können."

Schatz: „Ach so."

Ich: „Ein größeres Auto ist für uns nicht drin."

Schatz: „Dann fahren wir nur noch mit dem Boot."

Ich: „Das verstehe ich jetzt nicht."

Schatz: „Wir fahren von Hafen zu Hafen."

Ich: „Ah ja."

Schatz: „Dann brauchen wir kein Wohnmobil mehr."

Ich: „Ist ein Boot nicht sehr teuer?"

Schatz: „Ein kleines Boot sollte drin sein!"

Ich: „Das muss dann aber sehr klein sein!"

Schatz: „Ich dachte an so ein Zodiak mit Außenbord-Motor."

Ich, entsetzt: „So was Kleines???"

Schatz: „Jaahaa. Das passt sogar hinten auf unser Wohnmobil. Transportproblem gelöst!"

Ich: „Da müssen wir doch Angst haben, dass andere Schiffe uns übersehen?"

Schatz: „Quatsch! Die passen schon auf."

In diesem Moment wird es dunkel in unserem Fahrzeug. Eine Yacht, mindestens dreimal höher als unser Auto und mehr als zwanzig Meter lang, fährt gemächlich in den Hafen ein und an unserem, direkt an der Hafenkante, geparkten Wagen vorbei.

Schatz: „Hast ja Recht: Zodiak ist zu klein!"

Wein schmeckt fein

Nach Roses setzen wir unsere Tour über Colera - Portbou -Cerbére - Banyuls-sur-Mer fort und passieren die Steilküste im Grenzbereich zwischen Spanien und Frankreich mit teils atemberaubenden Ausblicken, die natürlich fotografiert werden müssen. In Banyuls ist eine gute Gelegenheit, unsere Frischkostvorräte wieder aufzufüllen; Käse, Tomaten und Brot können auf gar keinen Fall trocken gegessen werden und so kommt es, dass Schatz zusätzlich noch eine Flasche Weißwein aus der Region einkauft.

Danach geht es weiter, vorbei an Traumstränden, jedoch zum großen Teil fest in der Hand von Ferienclubs und Hotelanlagen: Collioure - Argéles-sur-Mer - St. Cyprien - Canet-en-Roussillon - Toreilles Plage - über Les Barcarès - bis Leucate, wo wir mit Freunden verabredet sind, die ihren Jahresurlaub hier verbringen.

Unsere Freunde und ein Parkplatz direkt am Wasser erwarten uns bereits. Welch ein Luxus: Autotüre auf, zehn Schritte laufen und ins Wasser fallen! Es ist gegen Ende des Sommers und das Wasser dieses Etangs unweit des Mittelmeers hat fast Badewannen-Temperatur. Auch unsere Hündin kommt wieder voll auf ihre Kosten und kann alles Mögliche aus dem Wasser ‚retten'.

Zufrieden sitzen wir am Abend beisammen, berichten über die Reiseerlebnisse, während das eine oder andere Glas Wein geleert wird. Schatz hat den glorreichen Einfall, die Weinflasche, welche wir in Banyuls-sur-Mer erstanden haben, zu öffnen, probiert den ersten Schluck, ist total begeistert und überredet mich, ebenfalls, zumindest ein kleines ‚Gläschen' davon zu trinken. Ich bin kein Freund von süßen Getränken und schon gar nicht von süßem Wein. Aber Aroma, Geschmack und (wahrscheinlich die milde Sommernacht) überzeugen mich und ganz locker leeren wir die Flasche im Laufe des Abends. Die nach außen erkennbare Wirkung des Alkohols lässt auch nicht lange auf sich warten: mit albernem Gekicher und viel Gelächter sage ich bald „gute Nacht, Freunde!" und gehe zu Bett.

Das ist ein Fehler! Kaum befinde ich mich in horizontaler Lage, fängt nicht nur das Bett zu schwanken an, sondern das gesamte Fahrzeug beginnt sich zu drehen. Ich fühle mich wie auf dem Rummelplatz in einem der Karussells der übelsten Art, einer so genannten ‚Kotzmaschine'.

Ich also wieder raus aus dem Bett. Der direkte Weg in das kleine Badezimmer wird allerdings durch Schatz blockiert, der mich sieht und meint: „Oh, Du siehst aber gar nicht gut aus".

Froh, dass er mir den Durchgang, nachdem er meine Handzeichen richtig interpretiert hat, sofort frei macht, erreiche ich das Bad und umarme auch schon im nächsten Augenblick die Porta-Potti.
Nie hatte ich sie lieber, als in jener Nacht! Und mehrfach ließ ich es sie spüren mit meinen liebevollen Umarmungen.

Am nächsten Morgen greife ich die leere Weinflasche, um mir das Etikett und die Bezeichnung des Weines genauer anzusehen und plötzlich wird mir alles klar: wir haben einen ziemlich hochprozentigen, extrem süßen Dessertwein getrunken! In diesem Moment könnte mir direkt wieder übel werden…

Katerstimmung, aber nur bei mir; meinem Schatz geht es blendend und er kann es nicht unterlassen, sich deswegen über ich lustig zu machen. Zusätzliche Kopfschmerzen bereitet mir allerdings das Wetter mit starkem Wind und aufziehendem Gewitter, das sich in der folgenden Nacht entlädt. Wir bleiben noch einen weiteren Tag in Leucate, bevor wir unsere Rückfahrt beginnen.

Der Mond von Sete

Unterwegs befahren wir nochmals die schöne Corniche bei Sete, die uns, wegen ihrer einzigartigen Lage direkt am Wasser so gut gefallen hat. Der ganz große Touristenansturm ist vorüber. Wir finden einen Parkplatz direkt neben der Straße, mit Blick auf das Meer! und beschließen, eine Nacht hier zu bleiben. Wir lernen einige andere Wohnmobil-Touristen kennen, es entwickeln sich interessante Gespräche, während am Horizont der Vollmond emporsteigt.

Nirgends haben wir jemals zuvor oder danach einen solch schönen Vollmond erleben können! Ein unvergessliches Bild: als überdimensionale Laterne steht er knapp über dem Horizont und spiegelt sich im Meerwasser. Eine solch schöne Nacht im Bett verbringen? Das wäre schade! Erst zu weit vorgerückter Stunde gehen wir schlafen.

Du kommst hier nicht rein

Tags darauf setzen wir unsere Reise Richtung Marseille fort und erreichen bald wieder die kleine Hafenstadt Ste.-Maries-de-la-Mer.

„Wir sollten dringend noch ein paar Lebensmittel einkaufen, damit wir Vorrat für ein paar Tage am Strand haben" schlägt Schatz vor und fügt hinzu „hier wäre doch eine gute Gelegenheit oder?" „Okay, aber den Hund lassen wir dann mal im Auto" antworte ich. Wir kommen gleich wieder und bringen Dir auch etwas Schönes mit, erzählen wir unserer Hündin, die sich - nicht erfreut, aber dennoch brav - damit abfindet, weil sie weiß, dass wir unser Versprechen halten werden.

Wir machen uns auf den Weg Richtung Ortsmitte. Es ist warm. Im Vergleich zu Deutschland im September, sogar sehr warm. Die hohe Luftfeuchtigkeit, aufgeheizt durch die hochsommerlichen Temperaturen, erzeugt eine drückende Schwüle. Nach typischer Touristen-Art sind wir mit T-Shirt und Jeans bzw. ich in leichtem Sommer-Outfit unterwegs; die bequemen ‚Birki's an den Füßen. Wir genießen den Stadtbummel, machen einige Fotos und ein paar Einkäufe, als wir von einem heftigen Regenschauer überrascht werden.

„Iiiiiii", quieke ich „das hätte doch jetzt nicht sein müssen!" „Schau mal dort, ein Shop! Wir sehen, ob wir da etwas kaufen wollen, und wenn nicht, sind wir zumindest mal im Trocknen" ist der Vorschlag von meinem Schatz. Wir rennen auf die andere Straßenseite, werden von oben bis unten so richtig eingenässt und stellen fest: auch warmer Regen ist nass!

Die Entscheidung, das Geschäft aufzusuchen, ist jedoch genau richtig. Wir sind dem Regen entkommen, es duftet herrlich nach Lederwaren und ja! es gibt Schuhe zu kaufen. Ich bin Frau und wie die meisten Frauen liebe auch ich Schuhe, insbesondere solche aus Leder! Hocherfreut beginne ich mit der Anprobe und bereits beim ersten Griff habe ich meine neuen Lieblingsschuhe gefunden.

Schatz, der im Vergleich zu mir, nicht sonderlich an Schuhwerk interessiert ist, hat einen Hut für sich entdeckt, dem er seine volle Aufmerksamkeit widmet. Der Verkäufer erklärt, dass genau dieser Hut bei diesem Wetter absolut unerlässlich sei, weil er aus robustem Leder handgefertigt ist, dem Regen zuverlässig standhält und, dank der breiten Krempe, Kopf und Gesicht trocken bleiben. Schatz probiert den Hut an, ist begeistert und erklärt: „Den nehme ich! Auch, wenn ich zuhause bin und morgens bei Regenwetter mit dem Hund rausgehe, ist das eine sinnvolle Sache. So einen Hut hätte ich mir schon längst mal kaufen sollen!"

Wir zahlen die gekauften Artikel; die Schuhe finden noch im Rucksack Platz; den Hut setzt Schatz direkt auf seinen Kopf. So machen wir uns nun auf den Rückweg zu unserem Fahrzeug. Übrigens: als wir den Shop verlassen, regnet es nicht mehr!

Nach wenigen Minuten erreichen wir die Uferstraße, an welcher unser Auto geparkt ist. Schon von Ferne sehen wir, dass unsere Hündin auf den Fahrersitz geklettert ist, um von dort die totale Übersicht zu haben und zu kontrollieren, ob sich Fremde dem Fahrzeug nähern.

Ich steuere auf die Türe der Beifahrerseite zu, Schatz nimmt den Weg zur Fahrerseite und durch die Fensterscheiben können wir diese Szene verfolgen:
Oh, da ein Fremder mit Hut! Unsere Hündin sieht meinen Schatz mit der neuen Kopfbedeckung, kann aber nicht erkennen, dass es kein Fremder, sondern ihr Herrchen ist und versucht augenblicklich mit lautem Gebell und autoritärem Abwehrverhalten die Situation in ihrem Sinne zu klären und den - vermeintlich - Fremden von der Fahrertüre zu vertreiben. „Du kommst hier nicht rein! Du kommst hier nicht rein! Nein, Du nicht!" knurrt und bellt sie im Wagen.

Verblüfft über diese Reaktion bleiben wir stehen, Schatz hat eine Erkenntnis, nimmt den Hut von seinem Kopf und: Hund beruhigt sich!

Schatz setzt Hut wieder auf; Hund beginnt erneut zu toben „Du kommst hier nicht rein!" - also schnell den Hut wieder runter vom Kopf! Wir sehen uns an und lachen, als wir ins Auto einsteigen. Hund und Hut werden dann miteinander bekannt gemacht und akzeptieren sich gegenseitig, als Hund sein versprochenes Leckerli bekommt.

Ich möchte nicht unerwähnt lassen, dass der Hut magische Kräfte besitzt und dafür gesorgt hat, dass es in diesem Urlaub kein weiteres Mal mehr regnete!

Das Propeller-Problem

Nach dem Zwischenstopp in Ste. Maries-de-la-Mer fahren wir abermals durch die wilde Natur der Camargue nach Salin-de-Giraud. Wir erreichen Plage Piemanson und stellen erfreut fest, dass auch hier die meisten Feriengäste bereits abgereist sind und der große Strand allein den wenigen verbliebenen Besuchern zur Verfügung steht.

„Hierher zu fahren, war wirklich eine gute Entscheidung. So können wir unseren Urlaub ganz entspannt ausklingen lassen und die letzten Tage am Wasser genießen" meint Schatz und packt bereits unsere Campingmöbel aus. Während wir zufrieden auf das Meer blicken, hören wir das Geräusch eines Flugzeugs näher kommen. Ein solches Geräusch, hier in der Abgeschiedenheit am Strand, ist sehr außergewöhnlich und lässt uns natürlich sofort aufmerksam werden. Wir blicken in Richtung des Brummens am Himmel und können eine kleine Propellermaschine erkennen, die sogleich zur Landung direkt am Strand ansetzt. Die einzigen Passagiere an Bord, offensichtlich ein Ehepaar mittleren Alters, steigen aus und richten sich, ähnlich wie wir mit unserem Wohnmobil, für einen Tag am Strand ein. Ich bin höchst beeindruckt und fasziniert!

Aus dieser Situation ergibt sich ein bemerkenswerter Dialog zwischen meinem Schatz und mir:

Ich: „Schaaatz, das will ich auch!"

Schatz: „Was denn? Einen solchen Flieger?"

Ich: „Ja!"

Schatz: „Was willst Du denn damit?"

Ich: „Das erspart uns viel Fahrtzeit! Ruckzuck wären wir am Strand!"

Schatz: „Solch ein Flieger ist aber teuer."

Ich: „Teurer als ein Boot?"

Schatz: „Ja."

Ich: „Und was würde ein Propeller kosten?"

Schatz: „Nicht sehr viel."

Ich: „Das ist schön. Kann ich mir auch gut vorstellen!"

Schatz: „Was kannst Du Dir gut vorstellen?"

Ich: „Einen Propeller. Vorne an unserem Fahrzeug!"

Schatz: „Ja, sieht bestimmt cool aus!"

Ich: „Wir könnten über die Straßen schweben."

Schatz: „Aber was machen wir bei einer Panne?"

Ich: „Na, wie immer. Wir rufen den Pannenservice."

Schatz: „Die fragen doch dann, welches Problem wir haben."

Ich: „Du sagst einfach: Wir haben ein Propeller-Problem."

Schatz: „Der Pannenservice wird uns für total durchgeknallt halten!"

Ich: „Mit Recht!!!"

Hitze der Großstadt

Das Urlaubs-Ende rückt näher. Unser Resümee: auch der Süden Frankreichs ist wunderschön; wir sind nicht zum letzten Mal hier! Nun steht noch der Besuch bei unseren neuen Freunden in Marseille an und telefonisch verabreden wir uns für den nächsten Tag.

Und wohin führt unser erster Weg, als wir Marseille erreichen? Natürlich zum Hafen! „Schiffe gucken!" meint Schatz, „ich will Schiffe gucken!" Wasser, Schiffe, Boote, Inseln, Sonne und Wind, Hafenarbeiter, Touristen, jede Menge Straßenverkehr und sommerliche Hitze… das ist zuviel für uns und unsere Hündin! Nach einem Spaziergang durch die Hafengegend beschließen wir, ohne weitere Stadtbesichtigung direkt zum Haus unserer Freunde zu fahren. Dort werden wir herzlich empfangen und verbringen den Nachmittag auf der Terrasse bzw. im Garten, werden durch unsere Gastgeberinnen köstlich bewirtet, während wir von unserer Reise und den Erlebnissen berichten.

Wir erhalten abermals die Einladung, doch unbedingt den bevorstehenden Jahrtausendwechsel in Marseille zu verbringen und werden fast zu einer Zusage genötigt. Kein Zweifel: wir fühlen uns nicht nur mit unseren neuen Freunden sehr wohl, sondern können uns gut vorstellen, öfter hierher zu kommen…

Gegen Abend, als die Temperaturen angenehmer werden, verlassen wir Marseille und beginnen unsere Heimreise.

Der Wunsch des Wagens

Wir fahren auf der A5 von Freiburg Richtung Basel. Südlich von Müllheim - genauer gesagt am Autobahndreieck Neuenburg - kommt es regelmäßig zu Machtkämpfen im Fahrzeug: Schatz und ich müssen aus beruflichen Gründen nach Lörrach fahren, doch unser Auto unternimmt alle Anstrengungen, um auf die Autobahn Richtung Lyon zu gelangen.

Lyon, das klingt so schön französisch. Lyon, ein Name wie Musik. Lyon, viel Sonne und mildes Klima. Lyon, der Duft des Südens (und der Petro-Industrie) liegt in der Luft. Lyon, Großstadt an der Rhône. Lyon, Du Schöne am Tor des Südens. Lyon, ich muss Dich wieder sehen. Nach Süden fahren, ich will nach Süden fahren. JETZT!

Wir hören unseren Wagen regelrecht schwärmen und verfolgen seinen sehnsuchtsvollen Gesang. Nicht immer können wir dem Drängen des Autos nachgeben, aber an so manchen Tagen sind wir nachsichtig und lassen dem Fahrzeug die Freiheit, nach rechts abzubiegen, um die Fahrt in gewünschte südliche Richtung aufzunehmen. Danke, danke, ich weiß doch, dass auch Ihr es wollt und bringe Euch sicher ans Ziel, murmelt es dann vor sich hin und tuckert mit uns los.

Auf dem Weg nach Süden haben wir auch immer den richtigen Weg gefunden; dank der guten Beschilderung in und um Lyon. Sobald wir jedoch auf dem Heimweg sind, verfahren wir uns - grundsätzlich. Immer und jedes Mal. Entweder sehen wir ein Schild nicht rechtzeitig und verpassen die Abfahrt, oder wir biegen auf eine falsche Straße ab oder wir biegen gar nicht ab und sind dann sowieso in total verkehrter Richtung unterwegs - es ist eine unerklärliche Komplikation!

Ich vermute jedoch, dass auch dieser Konflikt nur durch Wunsch und Willen unseres Autos entsteht, weil es unbedingt im Süden bleiben will. Eine andere Erklärung habe ich dafür nicht.

Seit mir dies klar ist, bin ich während unserer Fahrt durch Lyon in Richtung Norden extrem wachsam und folge nicht mehr dem Begehren unseres Wagens, sondern biege zur rechten Zeit und an richtiger Stelle auf die korrekte Straße ab und siehe da, wir kommen ohne weitere Umwege direkt an unser Ziel.

Aber die Sache hat natürlich einen Haken, weil nun das Auto zu jammern beginnt und droht, die Fahrt nicht fortsetzen zu wollen.

Unser Wagen hat ein breit gefächertes Repertoire an dummen Vorwänden. Besonders beliebt ist der Anlassjodler (von Fredl Fesl): ‚Batterie schwach – huuu huu huu hu'.

Weitere blöde Ausreden sind:
1. Wasserpumpenstreik - gleich laufe ich heiß!
2. Lichtmaschine schwach - nichts geht mehr!
3. Hinterrad schmerzt - nun ist es platt!
4. Wozu 5-Gang-Getriebe? 3 Gänge müssen genügen!

Als Fahrzeughalter bleibt einem nichts anderes übrig, als wieder dem Wunsch des Wagens nachzugeben und den Schaden beheben zu lassen, damit man die Heimfahrt fortsetzen kann. Solch ein Dilemma!

Sie schießen wieder!

Da sind wir wieder! Freudestrahlend treffen wir an Silvester im Haus unserer Freunde in Marseille ein. Dem trüben Winterwetter in Deutschland sind wir entkommen; der Himmel über Marseille zeigt sich von allerschönster Seite: wolkenlos und strahlend blau.

Der herzliche Empfang und die Bewirtung durch unsere Gastgeber sind unbeschreiblich. Oder doch: wir fühlen uns, sprichwörtlich, wie Gott in Frankreich! Das mehrgängige Abendessen zieht sich über Stunden hin. Wie wir später erfahren, ist die Zubereitung des Hauptgerichtes sehr aufwändig gewesen und beanspruchte mehrere Tage Vorbereitungszeit.

Zu vorgerückter Stunde hat die Madame S. E. die Idee, uns Marseille bei Nacht zu zeigen. Oh, klingt interessant, da sind wir dabei! Mit ihrem PKW starten wir vier also zu einer Stadtrundfahrt, die uns ebenfalls für alle Zeiten im Gedächtnis bleiben wird.

Verkehrsschilder - ausgenommen, solche mit Geschwindigkeitsbeschränkung - sind in Frankreich meist reine Dekoration. Und das scheint ganz besonders in Marseille der Fall zu sein! Es sind nicht nur jede Menge Menschen zu Fuß in der Innenstadt unterwegs, sondern auch der Straßenverkehr zu dieser nächtlichen Stunde erinnert an eine rush hour in London, Paris oder New York.

Motorräder, Busse und PKW's fahren, wie es ihnen gerade in den Sinn kommt, mal auf der linken, mal auf der rechten und dann wieder auf der mittleren Fahrspur, halten plötzlich, ohne erkennbaren Grund an, biegen nach links oder nach rechts ab, und das alles, ohne permanent Unfälle zu verursachen. Ich finde, dies ist eine erstaunliche Leistung und sollte den Verkehrsplanern in Deutschland zu denken geben!

Nach unserer interessanten und rasanten Stadtrundfahrt erreichen wir wieder das Haus unserer Gastgeberinnen. Zwischenzeitlich ist es kurz vor Mitternacht, also Zeit, die Gläser mit Champagner zu füllen. Einen Jahrtausendwechsel erlebt man nur einmal in seinem Leben, und wir haben diesen ganz sicher gebührend begossen. Nun wird es höchste Zeit, auf die Straße zu gehen.

Schatz holt aus unserem Auto ein paar Feuerwerkskörper, die er vor unserer Abreise in Deutschland eingekauft hat. „Nein" sagt er, „das sind keine großen Raketen oder Batterie-Feuerwerke, sondern einfach etwas, was Krach macht und schön stinkt". Unsere beiden Gastgeberinnen sagen nichts und warten, was da wohl kommen mag.

Auf dem Platz über den Dächern von Marseille, auf welchem wir mittlerweile stehen, haben sich nun auch etliche Leute aus der Nachbarschaft eingefunden und lauschen dem lauten Tuten der Schiffe, welches vom Hafen zu uns heraufdringt. Dieser tiefe Ton von den Schiffen macht nicht nur mir, sondern auch meinem Schatz eine dicke Gänsehaut.

Schatz zündet den ersten Feuerwerkskörper an und mit lautem Zischen und Knallen sucht sich die Rakete ihren Weg gen Himmel. Ich weiß nicht, ob es Erstaunen oder Entsetzen bei den Menschen um uns herum ist, als ich die Worte höre „oh regardez, les Allemandes…".

Erst jetzt fällt uns auf, dass in Marseille überhaupt kein Feuerwerk abgebrannt wird. Es ist erstaunlich ruhig in der Stadt und nur das tiefe Tuten der Schiffe schwirrt durch die Nacht. Fast gespenstisch! Und dann das: eine weitere Rakete, die mein Schatz in diesem Moment gezündet hat, saust nach oben, explodiert mit lautem Knall und lässt bunte Sternchen regnen. Schatz feuert nun noch einige seiner ‚Stinkböller' ab und ungläubige Blicke der Anwesenden folgen dem Geschehen.

Von unseren Gastgeberinnen erfahren wir später, dass Silvester-Feuerwerk in Frankreich nicht üblich ist, sondern dass das ‚große Schießen und Knallen' nur am Nationalfeiertag, dem vierzehnten Juli stattfindet.

Peinlich, peinlich. Das haben wir nicht gewusst! Gerne wollten wir in jener Nacht erfahren, was sich wohl die Menschen in Marseille bei unserer Knallerei vom Berg gedacht haben mögen.
Schatz meint: „Auf jeden Fall wird der eine oder andere die Befürchtung gehabt haben: jetzt greifen sie uns wieder an und schießen auf uns! Rette sich wer kann! Die Deutschen kommen!"

Geniale Idee

Das neue Jahr haben wir (mit Ausnahme der ungewollten ‚Beschießung Marseilles') bestens angefangen. Nach einigen Tagen in der Stadt ruft uns jedoch die Wildnis der Natur und wir müssen diesem Ruf folgen! Das Winterwetter ist traumhaft; zwar wird es kaum wärmer als fünf Grad, auch der Wind ist deutlich spürbar, aber die Sonne strahlt von früh bis spät.

Unser Ziel ist der große Strand unweit der Rhone-Mündung, den wir im vergangenen Herbst entdeckt hatten. Für Frankreichs Bevölkerung aus dem Großraum Marseille und der Provence ein beliebtes Urlaubsziel, welches während der Sommerferien ziemlich gut besucht wird. Egal, ob mit Zelt, Wohnanhänger, Wohnmobil oder PKW, jeder kann dort wie es ihm beliebt campieren. Der Strand ist fest und gut befahrbar und auch für Fahrzeuge in Reisebus-Größe kein Problem.

Neugierig und gespannt, wie es jetzt zur Winterzeit dort aussehen mag, erreichen wir den beliebten Küstenabschnitt und stellen erfreut fest, dass nur wenige weitere Fahrzeuge hier parken. Wohnmobile und Wohnwagen sind überhaupt keine zu sehen und erst recht keine Zelte. Nur einige PKW und vereinzelte Spaziergänger sowie ein paar Hundebesitzer mit ihren Vierbeinern vergnügen sich in Wassernähe am Strand.

Wir sind begeistert! Mein Schatz steuert unser Fahrzeug bis etwa Strandmitte, von wo aus wir das Wasser sehen können, stoppt dann das Auto parallel zur Küstenlinie. Total begeistert stellt er fest: „Das ist ja unglaublich schön hier!

Und so viel Platz! Wir können heute sogar in der ersten Reihe parken! Sollen wir dort hinfahren?" und sein ausgestreckter Arm deutet nach rechts vorne. „Hm, wenn Du meinst" antworte ich und gebe noch zu bedenken: „nur nicht zu nah an das Wasser, wegen Wind und Wellen und so…"

Mein Schatz startet unseren Wagen, gibt Gas... Nichts! Das Auto bewegt sich nicht. Oder doch? Ein leichter Ruck ist zu spüren... Er gibt nochmals Gas... die Räder drehen durch! Mein Liebster sieht mich an und gesteht: „Wir sitzen fest!" Ich, zunächst überrascht: „Wie? Wieso sitzen wir fest?" Schatz: „Festgefahren im Sand. Anscheinend ist der Sand hier locker oder nass oder beides. Jedenfalls sitzen wir jetzt fest."

Nun erst erfasse ich die Situation mit allen Konsequenzen und bin mittelmäßig bis stark entsetzt. Verschiedene Szenarien, die wir im September hier - teils belustigt, teils schadenfroh - beobachten konnten, laufen vor meinem ‚geistigen Auge' nochmals ab: Jugendliche mit frischem Führerschein und erstem Auto jagen mit ihren Fahrzeugen durch die Dünenlandschaft und... bleiben stecken! Ausgewachsene Männer zwischen zwanzig und dreißig Jahren, mit dem vermeintlich ‚besten Auto der Welt' und Freundin an Bord, chauffieren die Angebetete bis zum Sandhügel direkt an der Wasserkante und... bleiben stecken! Erfahrene Monsieurs, die sich bereits teure Wagen mit Vierrad-Antrieb leisten können, führen am Strand und zwischen den Dünen ausführliche Härtetests durch, um ihr Fahrzeug auf Tauglichkeit zu prüfen und ... auch sie bleiben irgendwann im Sand stecken!

Es gibt jedoch drei erhebliche Unterschiede zwischen diesen Vorfällen im Sommer und unserer gegenwärtigen Situation:
1. unser Fahrzeug hat ein Gesamtgewicht von 3,5 Tonnen
2. wir werden zusätzliche Helfer brauchen
3. es sind kaum Menschen am Strand, die uns helfen könnten

Leichtsinn? Möglich! Unachtsamkeit? Vielleicht! Pech? Auf jeden Fall! Aber auch hier gilt: Jammern hilft nicht - passiert ist passiert und irgendwie müssen wir unser Problem lösen.

Schatz weiß auch schon Rat und während wir aussteigen, um uns die ‚Bescherung' anzusehen, berichtet er stolz: „Gut, dass ich den Klapp-Spaten noch gekauft habe! Wir müssen nur die Vorderräder etwas freischaufeln, damit die langen Höhenausgleichs-Keile vor den Reifen Platz haben und wir darauf fahren können. So bekommen die Räder wieder Grip und das Problem sollte keines mehr sein!"
„Gut, dann lass uns mal anfangen, bevor es dunkel wird" entgegne ich, weil ich bemerke, dass die Sonne sich allmählich dem Horizont nähert.

Mein Liebster hat bereits die notwendigen Utensilien aus dem ‚Keller' des Wagens geholt und beginnt am Vorderrad der Fahrerseite eine Kuhle auszuheben, bis der stabile Unterleg-Keil aus gelbem Plastikmaterial vor dem Reifen Platz findet. Zwischenzeitlich wird unsere Panne von einem Spaziergänger am Strand bemerkt; er stellt sich uns als Jean-Jaques aus der nächsten Ortschaft vor und bietet uns direkt seine Hilfe an. Jean-Jaques und Schatz schaufeln nun abwechselnd, weil wir ja nur einen Spaten haben, und nach einer Weile ist auch das rechte Rad unseres Autos freigelegt. Keil davor - fertig! Der feuchte Sand ist schwer und die Arbeit anstrengend; beide Männer kommen, trotz der Kälte, richtig ins Schwitzen.

Ein vorbeilaufendes Ehepaar (Touristen aus England) bemerkt unser Malheur und bietet sogleich Unterstützung beim Schieben des Autos an. Jean-Jaques entdeckt in einiger Entfernung einen Bekannten aus seiner Nachbarschaft, ruft mehrfach laut nach ihm und mit heftigen Armbewegungen macht er auf sich aufmerksam: „Francoise! Francoise! Ici, Francoise!" Francoise gesellt sich zu uns, begutachtet die Situation an Reifen und Vorderachse, murmelt, dass so etwas mit einem Allrad-Fahrzeug nicht passieren könnte, korrigiert noch kurz die Lage der Keile, nickt zur eigenen Bestätigung mit dem Kopf und macht mir und dem englischen Touristen-Ehepaar verständlich, dass wir mit ihm gemeinsam das Auto von hinten schieben werden.

Schatz sitzt bereits im Wagen, startet den Motor und wartet, dass Jean-Jaques, der vorne stehen bleibt, das Kommando erteilt. „Une, deux, trois ... „POUSSEZ! POUSSEZ!" (was so viel heißt wie ‚feste schieben'). Jeder der Beteiligten tut sein Bestes, nur das Auto nicht! Die Räder drehen sich, der Keil auf der rechten Seite ist, wie von Zauberhand, verschwunden; der Ausgleichs-Keil auf der linken Seite wird in hohem Bogen durch die Luft geschleudert und landet zwei Meter entfernt wieder im Sand - nein, es wird niemand verletzt! - nur der durch die Reifen aufgewirbelte Sand spritzt nach allen Seiten; aber das Auto bewegt sich nicht von der Stelle.

Kurzer Moment der Ratlosigkeit bei den Männern - nein, keine Resignation - wir schaffen das!!!

Den Touristen aus England ist es jetzt zu kalt geworden; sie drücken ihr Bedauern aus, wünschen uns noch viel Erfolg und gehen dann zu ihrem eigenen PKW, der auf dem befestigten Teil im vorderen Bereich des Strandes geparkt ist. Stattdessen erhalten wir nun Unterstützung von einem jungen Mann aus der Schweiz und einer Familie aus Italien. Diese Drei haben unser Treiben schon eine Weile beobachtet und gemerkt, dass Hilfe dringend gebraucht wird. Aber ja, wir freuen uns sehr, über jede Hilfe, gracie, merci, thank you, danke!

Mein Liebster richtet an die beiden Männer aus der Gegend die Frage, ob es denn nicht sinnvoll wäre, einen Abschleppdienst anzurufen. Ja, es gibt wohl einen Abschleppservice im Ort, sei aber nicht zu empfehlen, weil es viel Geld kostet; noch dazu ist ja heute Sonntag und das wird dann extra-teuer! Jean-Jaques wird vom Ehrgeiz gepackt, beginnt heftig zu schaufeln und seine ganze Haltung drückt aus: wir schaffen das!

Schatz holt den versprengten Auffahr-Keil zurück und zusätzlich unseren nagelneuen Fußabtreter mit der groben Oberfläche - dafür geschaffen, auch durch Lehm oder Sand stark verschmutzte Schuhsohlen zu reinigen - aus dem Fahrzeug. „Oui, c'est tres bon" ruft Jean-

Jaques voller Begeisterung, als er das neue Hilfsmittel sieht und schaufelt und gräbt und legt die Fußmatte vor den Reifen vorne rechts.

Die Sonne ist nur noch ein großer orange-roter Ballon am Himmel; Dämmerung setzt ein, der Wind ist eisig kalt; mir ist zum Heulen bei dem Gedanken, dass eine mögliche Flutwelle unser geliebtes Wohnmobil in wenigen Augenblicken erfassen wird...

Jetzt wieder Konzentration! Alles ist vorbereitet für den neuen Befreiungsversuch: Schatz im Fahrzeug, Jean-Jaques gibt vorne wieder das Kommando, Francoise, das italienische Ehepaar, der Schweizer und ich hinten am Wagen, bereit, um zu schieben. Und los „Une, deux, trois ... „POUSSEZ! POUSSEZ!"

„Stop, stop, stop!" ruft Jean-Jaques, als er merkt, dass die erhoffte Situation nicht eintreten wird. „Merde!" fängt er nun zu fluchen an. Ist auch verständlich, denn schließlich ist er es, der unermüdlich geschaufelt hat. Nun steht er da, ein korpulenter Mann Anfang bis Mitte Fünfzig, schätze ich; wie ein Junge während des Spielens im Sandkasten von oben bis unten mit Sand bekleckert. Trotz meiner bedrückenden Stimmung muss ich innerlich grinsen.

Alle Pannenhelfer, im Halbkreis vor dem Auto stehend, diskutieren über weitere Maßnahmen und stellen dann fest, dass ein Abschleppwagen mit Vierrad-Antrieb eine große Hilfe wäre, blicken in Richtung der anderen parkenden Autos, als Francoise erfreut feststellt: "Wir müssen nur den Fahrer von dem dort abgestellten Jeep finden, der könnte abschleppen!" Geniale Idee - alle Pannenhelfer stimmen ihm zu.

Jean-Jaques reibt sich die mit Sand panierten Finger an seiner Hose ab, greift in die Jackentasche, hält mit der linken Hand einen Autoschlüssel in die Höhe und fasst sich mit der anderen Hand an die Stirn. „Das ist mein Wagen" strahlt er uns an „ich habe ihn erst seit wenigen Tagen und nicht daran gedacht, dass der ja Allrad-Antrieb hat…". „Putain!" - was in diesem Moment wohl soviel zu bedeuten hat wie ‚Du Idiot!' - bekommt er scherzhaft von Francoise zu hören, während er sich bereits auf den Weg macht, sein Auto zu holen und Schatz das Abschleppseil auspackt.

Keine fünf Minuten später wird unser Wohnmobil aus der unglücklichen Lage befreit und auf festen Untergrund gezogen.

Dankbar für die selbstlose Hilfe der Männer aus Frankreich und glücklich über die multinationale Rettungsaktion gibt es nun eine kleine Helfer-Party mit Allem, was unsere Vorräte so hergeben. Es bleibt nicht nur bei heißem Kaffee und Tee, besonders der Rotwein verbreitet große Freude wie auch ein paar kleine, auf die Schnelle gezauberte, Snacks.

Die Sonne ist längst untergegangen, als sich alle herzlich verabschieden.

Wir entscheiden uns, um jedes Risiko auszuschließen, in den wenigen noch verbleibenden Urlaubstagen den Parkplatz auf der befestigten und erhöht angelegten Zufahrtsstraße zu nutzen. Ist auch besser so! Der Wind legt von Tag zu Tag zu, lässt die See aufbrausen und hohe Wellen überspülen den gesamten Strand am Tag vor unserer Abreise.

Charme und Schokolade

Im April ist meist noch kein Badewetter; nicht im Norden und auch nicht im Süden Europas; zumindest nicht für jemanden, der so verfroren ist, wie ich es bin. Dennoch können ein paar Urlaubstage an der Küste nicht schaden, so die Aussage von meinem Schatz. Nachdem wir nun den Süden Frankreichs kennen, sollten wir auch mal eine Tour in den Norden bzw. Nordwesten machen. Die Atlantik-Küste steht als nächstes auf unserem Plan; regenfeste Schuhe und Anorak nicht vergessen, dafür aber Badesachen zuhause lassen!

Unsere Tour führt zunächst durch Belgien. In den Ardennen, im belgisch-französischen Grenzgebiet, machen wir in Bouillon Rast; einfach nur zum Spaß, weil der Name so schön nach Suppe klingt und nicht ahnend, dass diese Stadt und ihre Lage tatsächlich sehenswert sind.

Danach geht es weiter über Landstraßen durch Waldgebiete. An einem Parkplatz mit Imbissbude machen wir Pause. Die Sandwiches in Belgien sollen sensationell sein; wir wollen uns selbst davon überzeugen und bestellen uns jeder ein Sandwich. Was wir nicht wissen: jeder von uns erhält ein zusammengeklapptes Brot in der Größe eines halben Baguettes, belegt mit Salat, Gurke, Tomate, Schnitzelfleisch, Pommes Frites, über alles noch reichlich Senf, Mayonnaise, Sandwichsauce und Ketchup verteilt. „Das ist zu viel - wer soll das essen?" rufe ich konsterniert. „Keine Panik! Den Rest gibt es später zum Abendessen" kontert Schatz. „Wenn das so weitergeht, werden wir in diesem Urlaub dick und fett" gebe ich zu bedenken.

Und es geht in dieser Art weiter; unsere Reise entwickelt sich zu einer Schlemmer-Tour. Nächste Station ist Brüssel. Die Besichtigung des Atomiums und der folgende Rundgang durch die City sind anstrengend und machen wieder hungrig. Für unser Abendessen suchen wir uns ein Restaurant in der Innenstadt. „Wenn wir schon hier sind, müssen wir auch mal die verrückten Biere probieren, die es hier in

Belgien gibt" macht Schatz als Vorschlag; folglich suchen wir auch noch eine Bar auf. Unglaublich, was dort alles unter der Bezeichnung ‚Bier' zu finden ist. Ich bin froh, dass ich mich für ein normales Helles entschieden habe, denn als ich aus dem Glas meines Schatzes das Kirsch-Bier testen darf, bin ich absolut sicher, die richtige Wahl getroffen zu haben: Bier mit Fruchtgeschmack ist meine Sache nicht!

Wir übernachten in der Stadt und fahren am nächsten Tag zunächst nach Gent und danach weiter nach Brügge. Die Innenstadt von Gent ist auf jeden Fall sehenswert, doch haben wir dort kein besonders bemerkenswertes Erlebnis. Oder doch? Ja, unser Einkauf in einer Bäckerei, als wir uns nicht nur für zwei Stücke Kuchen entscheiden können, sondern einkaufen wie für eine Großfamilie: Kuchen zum satt essen! Und eine Sorte besser als die andere! Deswegen möchte ich an dieser Stelle unbedingt die Bäckereien und Konditoreien in Belgien empfehlen; die leckersten Törtchen und Backwaren mit Sahne-, Creme- oder Yoghurtfüllung, mit oder ohne Obst, auf jeden Fall aber mit viel Schokolade darf man sich auf keinen Fall entgehen lassen!

Brügge mit der gepflegten und gut erhaltenen Altstadt gefällt mir besonders gut; die Stadt hat einen gewissen Charme und: SCHOKOLADE! In den Konfiserien hat jeder Schokoladen-Fan wirklich die Qual der Wahl zwischen feinsten Trüffeln, Pralinen und einer Vielzahl anderer Schokoladen-Spezialitäten. „Einfach Göttlich, dieser Schokoladen-Himmel!" strahle ich.

Ab Zeebrügge fahren wir dann die belgische Küste entlang, sind allerdings arg enttäuscht, weil große Hotelanlagen teilweise dicht an dicht stehen und kaum freie Strände zu finden sind. Absolut nicht vergleichbar mit den großzügigen Küstengebieten in den Niederlanden ist. Deswegen verlassen wir Belgien, fahren weiter nach Frankreich und hoffen, dass wir dort nicht auch ernüchtert werden.

Kolossale Fassungslosigkeit

Erste Station auf französischem Boden ist Dunkerque (Dünkirchen). Beim Anblick der Überreste des ersten Bunkers bin ich schockiert. Die weiteren Bunkeranlagen entlang der Küste machen mich fassungslos. Diese Betonklötze sind allgegenwärtig; am Strand, in den Dünenlandschaften, in Hafengebieten… Mal mehr und mal weniger von Sand oder Pflanzenbewuchs bedeckt. „Das ist ja grauselig" äußere ich meinen Unmut und Schatz antwortet, in etwa dieser Wortwahl: „Ja, da hat Deutschland ganz große Arbeit geleistet."

Bis zu diesem Zeitpunkt habe ich in meinem Leben noch nie zuvor einen solchen Bunker aus der Kriegszeit gesehen. Selbstverständlich ist mir aus dem Schulunterricht bekannt, dass die so genannte West-Front besonders befestigt war und dass die Befreiung durch die Alliierten in der Normandie begonnen hat. Mir ist allerdings nicht bewusst, dass an der gesamten Küste diese häßlichen Betonklötze heute noch zu finden sind (wahrscheinlich hatte ich während des Unterrichts in der Schule wieder nicht aufgepasst).

Ich jedenfalls, bis dahin keine Ahnung von solchen Bunkeranlagen, frage arglos: „Warum wird das denn nicht abgerissen und entfernt? Das ist ja eine Schande!" Schatz blickt mich amüsiert an und fragt: „Wer sollte diese Bauten entfernen und vor allen Dingen: wie?" Meine Naivität kennt keine Grenzen und ich antworte: „Diejenigen, die das dort hingebaut haben, sollten auch verpflichtet sein, die Anlagen wieder zu beseitigen; also in diesem Fall: die Deutschen! Klingt doch vernünftig oder?" Schatz in seiner grenzenlosen Geduld bringt mich auf die Spur und erklärt: „Das ist doch alles für das so genannte tausendjährige Reich errichtet worden. Bomben haben solche Bunker nicht zerstören können, wie sollen Menschen in der Lage sein, diese Kolosse zu zerlegen?" „Das ist ja schrecklich. Da muss man sich ja schämen, Deutsche zu sein" gebe ich kleinlaut von mir, obwohl weder meinen Schatz noch mich eine Schuld trifft, weil wir viel zu jung sind und den zweiten Weltkrieg überhaupt nicht erlebt haben.

In Calais übernachten wir in der Hafengegend. Zu jener Zeit sind dort noch die Luftkissenboote, die als Fährschiffe zwischen Calais und Dover fungieren, im Einsatz. Begeistert beobachten wir die beispiellose und geräuschvolle Ankunft und Abfahrt dieser Schiffe. Die sensationelle Antriebstechnik fasziniert mich sehr und ich schlage meinem Schatz vor, dass er unser Wohnmobil doch mal umrüsten könnte, was er leider nicht ernst nimmt und nur mit einem Lachen beantwortet.

Auf dem Weg nach Boulogne-sur-Mer kommen wir erneut an einer Bunkeranlage vorbei und ein Schild weist darauf hin, dass die Anlage ‚Battery-Todt' besichtigt werden kann. Das wollen wir uns nicht entgehen lassen; vielleicht erhalten wir aufschlussreiche Erkenntnisse.

Sobald wir uns in den Innenräumen des Bunkers befinden, macht sich bei mir ein sehr beklemmendes Gefühl bemerkbar. Sicher, die Besichtigung ist zwar interessant, aber schön ist anders! Wir durchlaufen die Anlage im Schnelldurchgang und dennoch kann ich der bedrückenden Stimmung kaum entgehen. „Können wir unsere Auto-Kennzeichen irgendwie zuhängen, damit man nicht sieht, dass wir aus Deutschland kommen?" lautet meine, natürlich nicht ganz ernst gemeinte Frage, an meinen Schatz. Er sieht mich an und fragt: „So schlimm?" Meine Antwort darauf: „Noch schlimmer! Hoffentlich müssen wir niemals einen Krieg erleben!"

Frischer geht nicht

Wir fahren weiter über Equihen Plage, Le-Touquet-Paris-Plage und Le Crotoy. Sandstrände, weite Dünenflächen und helle Kreidefelsen wechseln sich ab; das Wetter ist seit Tagen regnerisch und windig und wir haben viel Platz für fast einsame Strandspaziergänge mit unserer Hündin.

In der kleinen Ortschaft Ault, wo wir kurz vor Mittag eintreffen, werden wir essen gehen und wählen ein Restaurant in Hafen-Nähe aus. ‚Moules-Frites' lesen wir auf der Hinweistafel neben dem Eingang. „Hast Du Lust auf Muscheln und Pommes?" fragt Schatz mich, als wir das Lokal betreten. „Warum nicht" lautet meine Antwort.

Es ist noch vor zwölf Uhr und wir sind die einzigen Gäste. Der Gastwirt nimmt unsere Bestellung entgegen und serviert kurze Zeit später unsere Getränke. Danach gibt er uns zu verstehen, dass es mit den Muscheln etwas dauert, wir sollen uns aber keine Gedanken machen, er würde gleich wiederkommen und… verlässt das Lokal. Schatz und ich sehen uns etwas ratlos an, denken dann jedoch: wird wohl seinen Grund haben. Wir sollen warten, hat er ja gesagt. Und wir warten.

Nach zehn Minuten sehen wir ‚unseren' Küchenchef, wie er aus Richtung des Hafens über die Straße eilt und, noch während er das Restaurant wieder betritt, einen großen Beutel Miesmuscheln in die Höhe hält und uns freudestrahlend verkündet: „Die sind soeben ganz frisch mit dem Boot eingetroffen!" Wow, denken wir, was für ein Service!

Wenig später werden uns Muscheln und Pommes Frites serviert und wir können ein ‚göttliches' Mittagessen genießen.
Anschließend gönnen wir uns einen kleinen Mittagsschlaf, damit wir gestärkt sind für den dann folgenden Spaziergang entlang der Wellen des Ozeans auf der einen Seite und der Kreidefelsen auf der anderen Seite des Strandes.

Am Abend sitzen wir gemütlich bei Kerzenlicht im Wohnmobil und sprechen über unsere Erlebnisse und Eindrücke der vergangenen Tage. Nachfolgend der sich dann ergebende Dialog:

Schatz: „Wie gefällt Dir unsere Fahrt?"

Ich: „Soll ich ganz von vorne beginnen?"

Schatz: „Ja."

Ich: „Also Belgien ist klein, hat keine schöne Küste, bietet aber Charme und Schokolade!"

Schatz: „Ich korrigiere: Belgien ist sehr klein."

Ich: „Dafür sind die Sandwiches umso größer!"

Schatz: „Lecker, lecker!"

Ich: „Die Franzosen können stolz sein auf Picardie und Normandie."

Schatz: „Wohl wahr."

Ich: „Steilküste und Sandstrände sind eine tolle Kombination."

Schatz: „Und das Wetter?"

Ich: „Die schöne Landschaft entschädigt auch mal Regentage."

Schatz: „Freut mich, dass es Dir gefällt."

Ich: „Frankreich ist in der Tat eine ‚Grande Nation'."

Schatz: „Man braucht viel Zeit für eine Fahrt an den Küsten entlang."

Ich: „Ich liebe Frankreich immer mehr."

Schatz: „Ich auch!"

Ich: „Wie gut, dass Alles so ist, wie es jetzt ist."

Schatz: „Ja, auch da gebe ich Dir Recht."

Ich: „Es könnte auch anders sein."

Schatz: „Was meinst Du damit?"

Ich: „Stell Dir mal vor, der Krieg wäre anders ausgegangen…"

Schatz: „Du meinst doch nicht wirklich…"

Ich: „Doch. Stell es Dir nur mal vor: das Alles würde jetzt zu Deutschland gehören…"

Schatz: „…dann müssten wir ja überall Strandeintritt und Kurtaxe zahlen!"

Ich: „Sage ich doch: gut, dass alles so ist, wie es ist!"

Nur zwei Produkte

Am nächsten Tag erreichen wir die Hafenstadt Le Tréport, wo wieder weiße Kreidefelsen den breiten Sandstrand säumen. Über Dieppe fahren wir die Alabasterküste entlang, finden wunderschöne Fotomotive, viel Platz zum Laufen, auch für unsere Hündin und vergessen fast, dass wir auch mal wieder nach Hause fahren sollten.

Wir kommen nach Le Havre, wo wir unseren letzten Urlaubstag an der Küste verbringen werden. Da uns jedoch schon wieder die Papiertaschentücher und die Frischmilch ausgegangen sind, müssen wir noch einmal einkaufen gehen.

Den nächsten Einkaufsmarkt, der an unserer Strecke liegt, steuern wir also an. Da kein großer Einkauf geplant ist, sondern nur die beiden uns fehlenden Produkte geholt werden sollen, verzichten wir auf einen Einkaufswagen und laufen ohne Korb und ohne Tasche, sondern mit freien Händen durch die Gänge zwischen den Regalen. Milch haben wir bereits gefunden. „Oh, sieh mal, dort dieses Stück Roquefort-Käse sollten wir auch mitnehmen. Nudeln haben wir noch und dann machen wir uns dazu eine feine Käsesauce zum Abendessen" macht Schatz den Vorschlag. „Gute Idee" antworte ich und ergänze: „dann brauchen wir aber auch noch Creme Fraiche und Petersilie." „Ah, ein Stück knuspriges Baguette dazu wäre auch nicht schlecht und die feine französische Butter mit Meersalz ist auch fast leer" erweitert Schatz unsere Einkäufe. Angekommen bei den Backwaren, finden wir ein Baguette, welches sich leider in direkter Nachbarschaft zu einer Packung Kaffee-Gebäck befindet; diese Eclaires wollen auch ganz dringend mitgenommen werden und wir können nicht widerstehen, weil wir immer am Nachmittag etwas Süßes zum Kaffee brauchen.

Mittlerweile sind wir, ausgestattet mit zwei Packungen Milch, einem Stück Roquefort, einem Becher Creme Fraiche, einer Packung Meersalz-Butter, einem Bund Petersilie, einem Pack Fleischtomaten (die uns ‚zugeflogen' sind, als wir Petersilie gesucht haben), einem Baguette und einer Packung Eclaires, alles in den Armen tragend, weil ohne Einkaufswagen, in der Abteilung mit Knabberzeug. „Noch eine Tüte Chips für später" vermelde ich meinen Fund und greife mit der letzten noch freien Hand nach der Tüte. „Nun brauchen wir noch Taschentücher" höre ich von Schatz, während ich interessiert vor dem Regal mit Getränken stehen bleibe und frage: „Gibt es Wein zum Essen oder was?" Das ist das richtige Stichwort für meinen Liebsten und suchend steht auch er nun vor den Getränken. „Was suchst du denn?" frage ich ihn. „Weißt Du, wir haben doch vor wenigen Tagen in dem einen Lokal diesen feinen milden Cidre aus der Normandie getrunken. Den suche ich!" „Ah, den habe ich dort schon gesehen. Komm mal mit!" und zielstrebig steuern wir den Cidre doux an, von dem mein Liebster gleich zwei Flaschen greift, weil das Getränk im Angebot ist und er noch freie Kapazitäten zum Tragen in seinem Armen hat.

Nun suchen wir die Taschentücher, die sich, dummerweise am total entgegen gesetzten Ende des Marktes befinden. Wir, bepackt wie Esel, wieder zurück auf Start, entdecken unterwegs den Wühltisch mit Partyzubehör und ich finde eine Packung fröhliche Papierservietten. „Natürlich braucht man das nicht unbedingt, aber ein schön gedeckter Tisch sorgt auch für gute Stimmung" mit meinen Worten ersticke ich den Einwand von meinem Schatz direkt im Keim und „ja, ja, die kann ich jetzt auch noch tragen" rufe ich noch hinterher.

Schatz steht unterdessen in der Abteilung Körperpflege. Ah, wir nähern uns den Taschentüchern bemerke ich beruhigt. „Was suchst Du?" frage ich meinen Liebsten. „Mein Deo ist fast leer. Ich will mir ein neues mitnehmen, möchte aber gerne vorher daran riechen. Blöd, dass wir keinen Einkaufswagen mitgenommen haben. Kannst Du mir das hier mal abnehmen?"

Noch während Schatz den letzten Satz ausgesprochen hat, legt er mir das Baguette oben auf die übrigen Artikel, die sich bereits in meinen

Armen befinden und stellt die beiden Cidre-Flaschen auf dem Boden ab, damit er nun mit freien Händen diverse Deo-Düfte testen kann. „Wie findest Du dieses?" fragt er mich und hält mir den geöffneten Deo-Roller unter die Nase. „Nicht schlecht" ist meine Reaktion, weil ich jetzt bald mal zur Kasse will und Herren-Deo mich wenig interessiert.

„Na gut, dann nehme ich das noch mit." Schatz packt sich beide Cidre-Flaschen unter den Arm, den Deo-Roller trägt er in der einen Hand und erlöst mich von dem Baguette und von einer der Milch-Packungen, als er sieht, wie viel ich zu tragen habe. „So, sind wir jetzt fertig? Können wir zur Kasse?" fragt er mich dann. „Fertig" antworte ich.

Endlich an der Kasse! Endlich die Waren auf dem Band ablegen und die Arme entlasten. Wir sind aber auch zu blöd. Warum haben wir keinen Wagen mitgenommen. Still fluche ich vor mich hin.

Alles bezahlt! Prima! Oh nein! Das muss ja auch noch alles zum Fahrzeug getragen werden... Also alles wieder auf die Arme und dann so schnell wie möglich Richtung Auto, das natürlich nicht direkt vor dem Markteingang, sondern auf einem Platz am Rande des Parkgeländes abgestellt ist.

Wir haben unseren Wagen fast schon erreicht, als die Katastrophe sich abzeichnet: die Tüte mit den Chips rutscht mir aus dem Arm und stürzt zu Boden. Das ist ja doof, denke ich, bestimmt sind die Chips alle zu Bruch gegangen und wir haben jetzt nur noch Krümel in der Tüte.

„Schatz, stopp mal", rufe ich. Mein Liebster, der bereits drei Schritte voraus ist, dreht sich um, sieht mich in der misslichen Lage, kommt zurück, erlöst mich zumindest von den Eclaires, damit ich eine Hand frei bekomme und die Chips wieder aufheben kann. „Danke Dir" schnaufe ich, bücke mich, denke nicht an Petersilie und Tomaten, welche ganz oben liegen auf dem Stapel aus Papiertaschentüchern,

Milch, Roquefort-Käse, Meersalz-Butter und Servietten, sehe die Tomaten noch rutschen, kann aber nicht mehr reagieren, weil ich plötzlich zu lachen beginne. Die Packung mit sechs dicken Fleischtomaten landet mit voller Wucht auf der Tüte mit den Chips, die nun wohl den Rest bekommen haben und zu Staub verfallen sein mögen.
Bei diesem Gedanken muss ich erst recht lachen, werfe (jetzt allerdings mit voller Absicht) auch die Servietten noch hinterher und bin kurz davor, mich ebenfalls auf den Boden des Parkplatzes fallen zu lassen und den dort bereits liegenden Artikeln Gesellschaft zu leisten. Die Situation ist zu komisch.

Schatz bekommt nun ebenfalls einen Lachanfall und meint: „Oh, ich wusste gar nicht, dass Du nach holländischer Art hier auf dem Parkplatz direkt Picnic machen wolltest. Das Arrangement ist allerdings erst mit Baguette perfekt; soll ich das jetzt dazu legen? Auch Cidre hätte ich noch anzubieten." Ich muss noch mehr lachen und kann mich kaum noch aufrecht halten.

„Nie wieder gehen wir ohne Einkaufswagen in einen Supermarkt" beschließen wir nach diesem Vorfall und nachdem wir endlich unsere Einkäufe sicher im Fahrzeug verstaut haben und der Lachkrampf besiegt ist.

Trotz der nur noch geringen Größe haben die zerbröselten Chips ziemlich lecker geschmeckt. Das Abendessen mit der Käsesauce war ausgezeichnet und der gut gekühlte Cidre passte perfekt dazu. Nur das neue Deo von meinem Schatz mussten wir bald wieder entsorgen: an den sonderbaren intensiven Duft konnten und wollten wir uns beide nicht gewöhnen…

Unsere Heimfahrt verläuft ohne weitere bemerkenswerte Zwischenfälle. Wir beschließen allerdings, dass wir sehr bald wieder in die Normandie fahren werden, weil es hier noch so viele interessante Orte und Gebiete zu besichtigen gibt.

Hund, Maus und Elefant

Wir sind ja die typischen Nachsaison-Reisenden. Auch in diesem Jahr fahren wir erst in den letzten August-Tagen, damit wir an unserem Lieblingsstrand in der Camargue nicht mit dem Ende der Sommerferien in Frankreich kollidieren.

Wir erreichen unser Urlaubsziel, stellen erfreut fest, dass der große Strand fast uns ganz alleine gehört und wählen einen schönen Stellplatz mit freiem Blick nach allen Seiten. Ein perfekter Urlaub kann beginnen!
Es ist extrem heiß in diesem Jahr, die sommerliche Hitze hält sich noch lange bis in den September hinein, sogar der Wind ist nicht allzu stark. Der Sonnenschirm, den wir vor zwei Jahren in Süditalien zum Schnäppchen-Preis erstanden haben, leistet uns auch hier gute Dienste. Wir genießen unsere Freizeit, erfrischen uns in den sanften Wellen des Mittelmeers, ‚braten' in der Sonne, lesen viel oder spielen Boule, nachdem wir unserer Hündin beigebracht haben, dass dies kein Ballspiel für Hunde ist.

Ja, wir nehmen sogar mehr und mehr französische Gewohnheiten an: am späten Nachmittag genehmigen wir uns ein Glas (manchmal auch zwei) Pastis. Der Anislikör wird, mit Eiswürfeln und Wasser verdünnt, hauptsächlich hier im Süden Frankreichs gerne als Apéritif getrunken. Das Boule-Spiel wird dann umso lustiger! Zum Abendessen lieben wir den einfachen Landwein, entweder einen Roten, meistens aber den leichten Rosé-Wein der Sorte Côte-de-Provence. Mein Schatz grillt mit großer Begeisterung die gut gewürzten Mergues-Würstchen, dazu gibt es Salat und Baguette. Mit anderen Worten: das Leben ist schön!

Wenn da nicht jemand unser Idyll stören würde. „Es ist doch nun wirklich genügend Platz an diesem Strand. Müssen die sich denn direkt neben uns stellen?" Ich registriere das Motorengeräusch des neu angekommenen Fahrzeugs, schaue mich um, und bemerke, dass doch noch ganz viel Abstand zwischen den Wohnmobilen ist und beruhige mich sofort wieder. In diesem Moment blickt auch Schatz in die Richtung der Neuankömmlinge und in seinen Augen beginnt es zu funkeln, als er das überdimensionale Reisemobil amerikanischer Bauart, allerdings mit deutschem Kennzeichen, sieht. Ich weiß, von solch einem ‚Dickschiff' träumt er schon lange…

Er bricht in Lachen aus und bemerkt: „Maus und Elefant nebeneinander! Das ist wirklich zu komisch! Ich gehe da jetzt mal hin, nehme unseren Hund mit und beschwere mich."

Die Neuankömmlinge sind mittlerweile ausgestiegen, begrüßen uns freundlich mit der Frage, ob sie genügend Abstand gelassen haben, worauf Schatz antwortet: „Eigentlich dürftet Ihr hier gar nicht stehen." „Was? Wieso? Warum?" fragen die Neuen ratlos.

Mein Liebster zeigt mit seiner Hand zunächst auf das Großraummobil und danach auf unseren ‚Kleinen' und sagt: „Seht nur mal den Unterschied zwischen den Fahrzeugen, man sieht unser Auto ja kaum noch, es wirkt jetzt noch kleiner als sonst." Alle brechen in Lachen aus, unsere Hündin ist ab sofort der Liebling dieser Familie und wir haben neue Freunde, mit denen wir etliche gemeinsame schöne Stunden verleben und die wir auch in den kommenden Jahren immer wieder gerne treffen.

Unsere kontaktfreudige Hündin, mittlerweile in den besten Jahren, entwickelt - neben der Liebe zum Wasser - eine weitere Leidenschaft: das Betteln um Essbares. Nicht nur bei uns hat sie Erfolg damit, sondern steht gerne still daneben, sobald sie mitbekommt, dass irgendwo in der Nähe unseres Fahrzeugs irgendjemand etwas zum Essen bereitet. Sie steht einfach nur da und blickt mit großen hungrigen Augen, als würde sie sagen wollen: seht nur, ich armer Hund, bekomme bei meinem Herrchen und meinem Frauchen überhaupt nie etwas zum Fressen. Hättest Du nicht ein ganz kleines Leckerli für mich?
Wer kann da schon widerstehen? Die Wenigsten!

Auf diese Art hat sie sich auch die Freundschaft unserer anderen neuen Strand-Nachbarn aus den Niederlanden erschlichen. Gerne geben ihr die Fremdlinge echte Hundekekse aus Holland, damit das arme Tier endlich etwas Ordentliches zum Fressen hat…

Bedingt durch das Verhalten unseres Hundes ergibt sich ein Gespräch mit dem Ehepaar und bereits nach kurzer Zeit stellen wir eine ganze Menge Gemeinsamkeiten fest. Es gibt viel zu erzählen, auf beiden Seiten, und die Tage, auch mit diesen neuen Freunden vergehen wie im Flug. Bevor die Niederländer wieder nach Hause fahren, verabreden wir ein Wiedersehen zum Jahreswechsel in St. Tropez.

Naturgewalt

Am Strand ist es noch leerer geworden; lediglich eine letzte Wohnwagenburg ist noch zu sehen. Bereits gestern deutete sich der Wetterwechsel an und die meisten Wohnmobile sind abgereist, auch alle unsere Freunde.

Aufgrund des gestiegenen Wasserpegels mussten wir für unser Auto heute früh einen anderen Standplatz suchen und parken nun, um ganz auf Nummer Sicher zu gehen, am Rande der befestigten Zufahrtsstrasse. Wir beschließen, einen ausgiebigen Spaziergang zu machen.

Der Wind peitscht die Wellen in die Höhe, es brodelt und zischt im Wasser und weißer Schaum wird über den Strand geweht. Mein Liebster ist begeistert und genießt es, mit den Füssen durch das Wasser zu waten. Unser Vierbeiner und ich laufen heute lieber im Sand und meiden das aufgewühlte Mittelmeer. Plötzlich will unsere Hürdin nicht mehr mit uns weitergehen; sie setzt sich hin und weigert sich, auch nur noch einen weiteren Schritt zu tun. Wir versuchen es mit gutem Zureden, merken jedoch, dass es zwecklos ist. „Komisch, was hat sie bloß?" fragt Schatz ratlos. „Ich weiß es auch nicht" gebe ich zu und komme zu dem Schluss: „aber es hat ja wohl keinen Sinn mehr, dann lass uns zurückgehen."

Wir drehen uns um und können in diesem Moment auch das Verhalten unseres Hundes interpretieren: aus südwestlicher Richtung naht eine Gewitterfront. Und Gewitter heißt für unseren Vierbeiner: Große Gefahr, weil Angst vor Blitz und Donner! „Ach Du Sch…!" rufe ich aus, als ich den Himmel mit den tief hängenden graublau und grüngelblich gefärbten Wolken sehe. „Das sieht nicht gut aus!" bemerkt jetzt auch mein Schatz. „Gut, dass Sunny das bereits vor uns gespürt hat. Sie hätte uns nur ein paar Minuten früher darauf aufmerksam machen können…" stelle ich fest, während die ersten Regentropfen, vermischt mit kleinen Graupelkörnern, auf uns niedergehen. Wir rennen die letzten fünfhundert Meter bis zu unserem Wagen und sind froh, dass wir dann endlich ein Dach über dem Kopf haben.

Es ist auch keine Sekunde zu früh. Das Unwetter kommt mit rasender Geschwindigkeit. Blitze und Donnerschläge sind harmlos im Vergleich zu dem starken Sturm, der jetzt mit voller Wucht auf das Auto trifft. „Ich habe Angst, dass wir umkippen" gestehe ich meinem Schatz, der auf dem Fahrersitz Platz genommen hat, wahrscheinlich in der Hoffnung, mit seinem Gewicht dem Wagen etwas mehr Standfestigkeit zu verleihen. Ich sitze hinter ihm, auf der Sitzbank im Wohnbereich, lege den Kopf immer wieder auf die Rückenlehne des Fahrersitzes, weil ich das Elend draußen nicht sehen will. Eigentlich sieht man sowieso nichts mehr, weil es sehr dunkel geworden ist. Die Lautstärke des Sturms wird mittlerweile ergänzt durch den Hagelschlag, dem unser Auto ausgesetzt ist. Unsere arme Hündin zittert am ganzen Körper und sitzt völlig verängstigt unter dem Tisch. Unfähig, irgendetwas zu reden, sitzen wir stumm und müssen das Inferno über uns ergehen lassen. Ich bin kein gläubiger Mensch, aber in diesen Minuten habe ich gebetet.

Als der ganze Spuk nach etwa dreißig Minuten vorüber ist, trauen wir uns wieder, nach draußen zu gehen. Auf der einen Seite neben uns steht ein Kastenwagen mit Aufstelldach, dessen Textilbespannung durch das Unwetter in Fetzen zerrissen wurde. Die Besitzerin steht ziemlich verzweifelt mit ihrem kleinen Hund im Wagen, umgeben von einer eisigen Schicht aus Hagel, der ungehindert in das Fahrzeug eindringen konnte.

Das Wohnmobil, welches auf der anderen Seite neben uns parkt, ist noch nagelneu, hatte bis vor einer halben Stunde einwandfreie, schöne glatt lackierte Außenwände, sieht nun aber aus wie in Hammerschlag-Optik, nämlich völlig zerbeult. Die Besitzer zwar entsetzt, aber dennoch froh, dass es nicht noch schlimmer gekommen ist.

Wir schauen Richtung Strand und stellen fest, dass die Wohnwagenburg nicht mehr besteht. Die Caravans liegen teils auf der Seite, teils auf dem Dach, kreuz und quer über den Strand verteilt; einer von ihnen wurde durch den Sturm sogar fast tausend Meter weit mitgerissen und liegt völlig demoliert neben der Straße.

Aus dem Radio erfahren wir später, dass es ein kleiner Tornado gewesen ist, der so gewütet und erhebliche Schäden verursacht hat.

Da haben wir aber richtig Glück gehabt, ist unser Resümee. Vor allen Dingen sind wir dankbar, dass unsere Sunny uns zwar spät, aber dennoch rechtzeitig gewarnt hat. Zur Belohnung gibt es natürlich einen Hundekeks extra.

Rotwein für Alle!

Nach dem Tornado ist die hochsommerliche Hitze vorbei. Es folgen immer wieder ein paar Regenschauer und kleine Gewitter. Wir bleiben noch einen weiteren Tag, entschließen uns dann jedoch zur baldigen Abreise von der Küstenregion und wollen stattdessen die Gegend nördlich von Arles erkunden.

Zunächst besuchen wir die Pont-du-Gard, das beeindruckende Aquädukt aus der Römerzeit, fahren weiter in Richtung Avignon und werden auf einen Ortsnamen aufmerksam: St. Hilaire D'Ozilhan. Spontan entscheiden wir, diesen Ort anzufahren, ohne zu wissen, was uns dort erwarten wird. Da wir uns jedoch in einem großen Weinbaugebiet befinden und für Zuhause noch einige Flaschen Wein kaufen wollen, sind wir recht zuversichtlich, an der Strecke auf ein Weingut zu treffen.

Lange müssen wir nicht nach dem erhofften Weinbetrieb in St. Hilaire D'Ozilhan suchen; es ist deutlich beschildert. Unseren Wagen parken wir am Rande des großen Hofes unter einem Baum.

Ein angenehm kühler Verkaufsraum erwartet uns und wir können in Ruhe verschiedene Weinsorten probieren. Wir entscheiden uns schließlich für einen trockenen Roten (für mich), einen etwas weniger trockenen Roten (für meinen Schatz) und einen der landestypischen leichten Rosé-Weine (für uns beide!). Als kostenlose Zugabe des Hauses erhalten wir noch eine Glaskaraffe mit dem dezent eingravierten Namen des Weingutes.

Zufrieden mit unserer ‚Ausbeute' und über den relativ preiswerten Einkauf, transportieren wir die Kisten nach und nach zum Wohnmobil. Zwischenzeitlich ist es später Vormittag; Zeit für eine Tasse Kaffee und einen kleinen Mittags-Imbiss, jetzt und hier! beschließen wir. Auf dem Hof ist genügend Platz, wir stören auch nicht den Betrieb und der Baum, neben dem wir parken, spendet angenehmen Schatten.

Wir lassen uns also richtig viel Zeit, schließlich haben wir noch Urlaub! Mit unserer Hündin werden wir nun noch einen kleinen Spaziergang machen, bevor unsere Fahrt weiter gehen soll. Wir öffnen die Türe unseres Wagens und bekommen zunächst einen Schreck: um uns herum ist alles rot; wir stehen inmitten eines Sees aus Rotwein. Wirklich! Es ist viel, viel mehr als nur eine Pfütze!

„Wir hätten gar keinen Wein kaufen müssen" meint Schatz erfreut „hier gibt es ihn gratis. Côtes-du-Rhône für Alle! Wenn das kein Luxus ist…"

Des Rätsels Lösung ist ganz einfach: über eine mobile Abfüllanlage wird Wein aus dem Lager des Weingutes direkt in den Tank des auf dem Hof parkenden Wein-Transporters gefüllt. Danach wird die Abfüllanlage selbstverständlich leer gepumpt und gereinigt. Das Ergebnis dieser Reinigungsaktion ist der Rotwein-See, und unser Wagen steht mittendrin!

Reise-Dialog 2

Ich: „Schaatz!"

Schatz: „Jahaaa. Was ist denn?"

Ich: „Ich wollte, ich hätte einen Goldbarren."

Schatz: „Was?"

Ich: „Ja. So ein richtig echter Goldbarren wäre schön."

Schatz: „Wozu brauchst Du den denn?"

Ich: „Dann wären wir reich!"

Schatz: „Ah ja. Und was wäre dann anders?"

Ich: „Wir hätten immer Urlaub und müssten jetzt nicht heimfahren."

Schatz: „Ein Goldbarren hat ein ziemliches Gewicht."

Ich: „Das ist mir klar."

Schatz: „Aber warum ausgerechnet ein Goldbarren?"

Ich: „Na gut. Wir können ja mit einem Nugget anfangen."

Schatz: „Woher willst Du das nehmen?"

Ich: „Suchen. Ausgraben. Waschen. Das wird schon seit hunderten Jahren so gemacht."

Schatz: „Wo willst Du suchen? Etwa am Rhein?"

Ich: „Neeeee! Wir müssen zum Klondike."

Schatz: „Oh, da ist es aber kalt."

Ich: „Ich will nicht im Winter dorthin, ein Sommer sollte genügen!"

Schatz: „Weißt Du, wie teuer die Reise dorthin sein wird?"

Ich: „Siehst Du, wir brauchen einen Goldbarren!"

Der letzte Tag

Bei Chateau-du-Pape, nördlich von Avignon, fahren wir auf die Autobahn, damit wir noch einmal etwas Zeit gewinnen. Als letzte Station - und um den Urlaub wirklich bis zum letzten Tag auszukosten - haben wir uns Mornas ausgesucht. Dieser kleine Ort in markanter Felsenumgebung am Ufer der Rhône ist uns bereits mehrfach, während des Vorbeifahrens, aufgefallen und wir wollen dieses Gebiet heute besichtigen.

Und es lohnt sich, wie wir bald feststellen. Schon der Aufstieg zu der Burg auf dem Felsplateau bietet jede Menge schöne Fotomotive, ganz zu schweigen von dem Ausblick, der uns erwartet, als wir oben ankommen. Unter uns das in der späten Nachmittagssonne silbrig glänzende Band der Rhône. Fluss, Autobahn, Landstraßen, Eisenbahnlinie und Häuser in Kleinformat, eine weite grüne Landschaft; mit anderen Worten: einfach schön!

Besser kann ein Urlaub kaum enden. Glücklich (auch ohne Goldbarren) fallen wir am Abend in unsere ‚Koje' und fahren am nächsten Tag die restliche Strecke bis nach Hause.

Das Diesel-Mobil

Wer mit dem Reisemobil an die Cote D'Azur will, sollte dies außerhalb der Hochsaison tun (und wirklich nur dann!). Doch ich verspreche Euch: es ist nicht das Schlechteste, die Winterzeit im südlichen Frankreich zu verbringen. Es gibt keinen Parkplatzmangel, Restaurants und Cafés sind nicht überfüllt, die Geschäfte bieten ihre Waren zu drastisch reduzierten Preisen an, und man kann wunderbare Buchten und Strandabschnitte entdecken, die man fast für sich alleine hat. Überhaupt nicht zu vergleichen mit dem Touristen-Ansturm in den Sommermonaten.

Während unseres letzten Sommerurlaubs hatten wir mit Freunden vereinbart, dass wir uns in St. Tropez treffen, um dort den Jahreswechsel gemeinsam zu verbringen. Hierzu sei erwähnt: zu jener Zeit ist es üblich und „in", dass sich Mobilreisende und Camper aus ganz Europa dort für die Silvesternacht treffen. Der große Parkplatz am Hafen ist für jeden zugänglich und kostenfrei!

Die Weihnachtsfeiertage sind gerade vorüber, als wir aus den Nachrichten erfahren, dass in Frankreich wieder einmal gestreikt wird. Zum wiederholten Mal sind es die LKW-Fahrer, die durch ihre Arbeitsverweigerung bessere Entlohnung einfordern wollen. Davon betroffen sind vor Allem auch die Tankstellen, die nicht mehr mit Kraftstoff beliefert werden. In Frankreich bricht also der Benzin-Notstand aus. „Das ist aber ganz blöd" stelle ich fest „wir wollen doch in vier Tagen an die Côte d'Azur fahren. Die können doch jetzt nicht streiken!" Ich bin einigermaßen empört und verärgert.

Wir telefonieren mit den Freunden, die wir in St. Tropez treffen wollen und erfahren, dass diese bereits in Südfrankreich eingetroffen sind. Weiter berichten sie: „Die Nachricht von dem Streik haben wir erst bekommen, als wir bereits unterwegs waren. Wir haben zwar noch einen gefüllten Reservekanister mit, aber dann wird es langsam knapp. Niemand weiß, wie lange der Streik dauern wird. Wäre gut, wenn Ihr uns noch einen oder zwei Kanister voll Diesel mitbringen könnt."

Oh je, denke ich und frage meinen Schatz „sollen wir wirklich das Risiko eingehen und trotzdem fahren? Wer weiß, wie lange wir dann in Südfrankreich bleiben müssen, wenn uns das Benzin ausgeht." „Eigentlich gar keine schlechte Idee, dort zu überwintern" erhalte ich zur Antwort und gebe ihm sofort Recht. Es bleibt jedoch eine Illusion, da wir ja noch arbeiten müssen.

Dennoch entscheiden wir, die Reise anzutreten und beginnen, unser Fahrzeug vorzubereiten. „Wir brauchen Platz" sagt mein Schatz und sortiert alle Utensilien aus, die wir im Winter nicht benötigen; lediglich Campingtisch und -stühle nehmen wir mit. Der Tag unserer Abfahrt ist gekommen, der Streik in Frankreich dauert an, aber unser Fahrzeug ist randvoll betankt und, wenn wir mit normaler Geschwindigkeit fahren, kommen wir mit einer Tankfüllung an unser Ziel. Für die Rückfahrt haben wir Reservekanister eingepackt, ja, mindestens einen davon für unsere Freunde.

Am Abend geht es los. Damit wir bereits am nächsten Morgen am Mittelmeer sein können, fahren wir wieder abwechselnd; so kann einer von uns sich ausruhen und eine Runde schlafen. Keine Probleme am Grenzübergang, wo schon etliche LKW die Straße blockieren, denn Touristen dürfen sowieso passieren. Und nun beginnt die schönste Nachtfahrt, die ich bisher erlebt habe: die Autobahnen sind leer (fast leer). Jedenfalls ist kaum Autoverkehr und wir haben über die gesamte Strecke absolut freie Fahrt; kein Regen, kein Schnee, kein Nebel. Nur schade, dass ich nicht so schnell fahren darf, weil wir ja Kraftstoff sparen müssen.

Mit anderen Worten: ich genieße die freie Fahrt regelrecht und bin kaum vom Steuer weg zu bekommen. Mein Schatz, frisch ausgeschlafen, hat auf dem Beifahrersitz Platz genommen und fragt, wo wir denn mittlerweile sind. „Gleich in der Nähe von Avignon" antworte ich und erzähle auch direkt, wie wunderschön die Fahrt heute läuft. „Dann ist es ja gar nicht mehr weit" stellt mein Liebster erfreut fest und erzählt mir: „ich hatte eine Eingebung im Traum: wir könnten ein gutes Geschäft machen und unsere Sprit-Vorräte in den Kanistern für richtig teures Geld verkaufen. Was glaubst Du, wie schnell uns das Zeug aus den Händen gerissen würde, wenn die Franzosen wüssten, was wir transportieren…" „Da magst du wohl Recht haben, mein Schatz, aber wir selbst werden den Diesel wohl auch brauchen und denke nur, wie sehr Du die LKW-Fahrer verärgern würdest" entgegne ich. Der weitere Verlauf dieses Gespräches ist nachfolgend als Dialog dokumentiert.

Ich: „Übrigens: vorhin wollte ich Hände waschen, aber es kommt kein Wasser."

Schatz: „Oh, habe ich vergessen, Dir zu sagen."

Ich: „Was ist passiert?"

Schatz: „Nichts. Aber wir müssen doch Gewicht sparen."

Ich: „Ah. Damit die Tankfüllung reicht?"

Schatz: „Ja, auch."

Ich: „Du hast aber nicht Diesel in den Wassertank…"

Schatz: „Nein! Bin doch nicht blöd!"

Ich: „Das würde aber den strengen Geruch hier drin erklären."

Schatz: „Wasser können wir nachher auftanken, mach Dir keine Gedanken!"

Ich: „Aber was riecht hier so streng?"

Schatz: „Diesel".

Ich: „Ja, das denke ich mir. Aber warum?"

Schatz: „Der Kanister, obwohl ich ihn in Plastiktüten eingewickelt habe."

Ich: „Ich dachte, der Kanister ist im Außenfach."

Schatz: „Auch."

Ich: „Warum riecht es dann hier drinnen?"

Schatz: „Der andere Kanister."

Ich: „Ah. Und welcher?"

Schatz: „Der neue Kanister."

Ich: „Und der riecht?"

Schatz: „Ja. Beim Tanken sind einige Tropfen daneben gegangen."

Ich: „Und warum ist der nicht hinten im Koffer?"

Schatz: „Kein Platz."

Ich: „Wieso das denn? Wir hatten doch fast Alles ausgeräumt."

Schatz: „Da sind die anderen Kanister."

Ich: „Noch mehr Diesel?"

Schatz: „Ja."

Ich: „Haben wir denn - wie die Columbia, wenn sie gestartet wird - einen Raketenantrieb?"

Schatz: „Du willst doch immer einen besseren Antrieb!"

Ich: „Hättest Du mir das mal vorher erzählt, dann wäre ich schneller gefahren."

Gegen Morgen machen wir Pause an einer Raststätte, nicht nur um Hände zu waschen, sondern auch, um ein Frühstück mit heißem Kaffee zu bestellen. Im Radio werden gerade die aktuellen Nachrichten gebracht und wir hören, dass der Streik der LKW-Fahrer soeben beendet ist…

Das Brot-Debakel von St. Tropez

Am späteren Morgen treffen wir in St. Tropez ein. Es ist bereits ziemlich voll, doch wir bekommen noch einen schönen Platz mit traumhaftem Blick auf den Hafen. „Das war wirklich eine geniale Idee, hierher zu fahren, ich freue mich so sehr!" sprudelt es überglücklich aus mir heraus.

Am Nachmittag beschließen wir, gemeinsam mit unseren Freunden, einen Spaziergang durch St. Tropez zu machen und, als Beilage für das Abendessen, noch ein Baguette zu kaufen. Zu Viert machen wir uns nun auf den Weg Richtung Stadt, bummeln zunächst durch den Hafen und bestaunen die vielen Segelboote und Motoryachten. Restaurants, Cafés, Geschäfte und Kunstateliers säumen das an den Hafen angrenzende Stadtgebiet.

Trotz des weltweit bekannten Namens und des Ruhmes aus Film und Fernsehen ist St. Tropez keine Großstadt, eher ein gemütlicher Ort, besonders im Winter. Die idyllische Altstadt bietet den Besuchern jede Menge schöne Fotomotive. In den Geschäften findet man Kleidung, Schmuck und Accessoires der bekannten Mode-Designer, aber auch ausgefallene Stücke von noch unbekannten Künstlern. Es gibt jede Menge zu entdecken und zu bestaunen. Auch ein Weihnachts-Winterland mit Eisfläche für Schlittschuhläufer und Tannenwald mit Kunstschnee auf den Bäumen ist aufgebaut und besonders für die kleinen Besucher interessant.

Zwischenzeitlich haben wir die Fußgängerzone erreicht. „Boa, was ist denn hier los? Gibt es hier irgendwas umsonst?" überrascht und fragend, aber dennoch irgendwie belustigt schauen wir uns an und staunen über die Menschenmassen, die sich hier durch die kleine Altstadt schieben. „Nun, das habe ich nicht erwartet. Lass uns mal eng beisammen bleiben, damit wir uns nicht verlieren" sage ich zu meinem Schatz und nehme ihn noch fester bei der Hand. „Was sollen wir tun? Umkehren?" frage ich in die Runde. „Nee, wir müssen doch Brot kaufen" erhalte ich zur Antwort. „Also dann: auf ins Getümmel! Schaut mal, dort ist eine Bäckerei! Ich sehe das beleuchtete Schild." Mein Liebster meint ganz erfreut: „Das ist ja super. Dann müssen wir gar nicht so weit laufen." Doch schon beim Betreten des Geschäftes merken wir, dass hier das Wichtigste fehlt. Dennoch unsere Frage nach Brot. Die Verkäuferin antwortet etwas genervt: „Alles ausverkauft". Okay, kann ja mal passieren, denken wir uns, gehen wieder nach draußen und beginnen, uns wieder in die Prozession der Fußgänger einzureihen. Mittlerweile ist es dunkel geworden, aber bis Mitternacht sind noch sechseinhalb Stunden Zeit.

„Hm, wo mag denn wohl die nächste Bäckerei sein?" frage ich in die Runde. „Ganz einfach: wir schauen jetzt mal, wer von diesen Menschen ein Brot in der Hand hält und wissen dann, dass eine Bäckerei in der Nähe sein muss" antwortet mein Schatz. Klingt schlau, denke ich. Und wenige Minuten später sehen wir einen Passanten mit einem Baguette unterm Arm. Und wirklich, nach einigen Metern erreichen wir den heiß ersehnten Backshop. Erfreut betreten wir das Geschäft, während etliche Menschen nach draußen drängen. Suchend blicken wir uns um, aber wo ist Brot zu finden? „Vielleicht dort an der Theke?" Wir stellen uns in der Reihe an, sehen auch jede Menge Backwaren, aber überhaupt kein Baguette, nicht mal irgendeine Art von Brot, und nein, erst Recht keine Brötchen.

Ratlos, weil wissend, dass die Geschäfte nun auch in Frankreich bald schließen werden, verlassen wir auch diesen Laden. „So, also die Franzosen gönnen uns nicht mal ein Baguette heute Abend. Das sind ja nette Gastgeber!" wirft mein Schatz gespielt empört in die Runde. „Kommt, wir suchen jetzt den nächsten Shop! Kann doch nicht sein, dass in ganz St. Tropez kein Brot mehr zu haben ist." Wir reihen uns abermals in die Menschenmasse auf der Strasse ein und machen unsere Späße über das nicht vorhandene Brot in Frankreich. „Die wissen hier gar nicht, was Baguette ist." „Vielleicht hätten wir nach Stangenbrot fragen müssen." „In Frankreich isst man vermutlich überhaupt kein Brot." „Baguette ist eine Erfindung aus Belgien." „Es gibt ein

Gesetz in St. Tropez: wer an Silvester sein Baguette nicht bis Mittag gekauft hat, darf keines mehr bekommen!"

Während wir so vor uns hin blödeln, erreichen wir, nach einem längeren Fußmarsch, tatsächlich eine weitere Bäckerei, stehen vor dem hell erleuchteten Schaufenster, drücken unsere Nasen gegen die Scheibe und versuchen, unser Objekt der Begierde zu entdecken. Die Verkäuferin grinst uns von drinnen breit an und wedelt mit zwei Baguette-Hälften in der Luft herum.

Noch während wir das Geschäft betreten, ruft sie uns entgegen, dass man unseren Gesichtern ansehen kann, dass wir auf der Suche nach Brot sind. Dieses Baguette sei zwar zerbrochen und es tut ihr sehr leid, aber es gibt kein anderes mehr; wir können dieses letzte Brot (wahrscheinlich das allerletzte an der gesamten Cote d'Azur) zum Sonderpreis erhalten. Wir amüsieren uns köstlich und selbstverständlich kaufen wir das Brot.

Herzhaft lachend verlassen wir das Geschäft und blödeln wieder. „Halte das Baguette bloß gut fest! Nicht, dass es Dir noch gestohlen wird!" „Am besten, Du versteckst es unter Deinem Mantel, damit niemand es sehen kann." „Ja, illegales Baguette sollte man nicht öffentlich zur Schau tragen!" „Achtung, dort, Polizei. Los doch, weg mit dem Brot." „Komm, wir schirmen Dich mit Deiner wertvollen Fracht von allen Seiten ab!" Und so geht es weiter, bis wir irgendwann wieder unsere Fahrzeuge erreichen.

Ich kann mich nicht mehr erinnern, was genau wir zum Abendessen auf dem Tisch hatten, es war jedenfalls sehr lecker. Aber jenes Baguette bleibt unvergessen. Wie auch der gesamte Silvesterabend, der mit einem grandiosen Feuerwerk, initiiert von der Stadtverwaltung, begleitet mit klassischer Musik, im Hafen von St. Tropez gekrönt wurde. Mittlerweile sind auch wir schlau geworden, kutschieren keine Böller mehr durch die Lande und unterlassen es, die Franzosen zu beschießen!

Wind-Problem

Ich: „Ich bin müde."

Schatz: „Musst Du schlafen!"

Ich: „Hilft nicht. Ich bin viel müde."

Schatz: „Noch mehr Schlaf!"

Ich: „Hilft auch nicht."

Schatz: „Wieso?"

Ich: „Bin erschöpft."

Schatz: „Ach, du armes Kind."

Ich: „Bin total erschöpft."

Schatz: „Muss ich mir Sorgen machen?"

Ich: „Ja."

Schatz: „Was würde denn helfen?"

Ich: „Ein Fischgericht."

Schatz: „Dann gehen wir nachher zum Essen."

Ich: „Mit Meerblick?"

Schatz: „Ach so. Mittelmeerblick wäre okay?"

Ich: „Jaaaaaa!"

Schatz: „In zwei Wochen geht es los!"

Wir nutzen wieder die Zeit um Ostern für einen Kurzbesuch in der Camargue. Natürlich hat das Meer zu dieser Jahreszeit noch keine Badetemperatur, aber Strandläufe und erholsame Tage in der mediterranen Sonne sind ja auch etwas Schönes, denken wir.

Ja, aber man muss schon eine dicke Haut besitzen oder zumindest eine warme Jacke dabei haben, denn der Mistral weht heftig; für mein Empfinden: zu heftig! Ganz besonders in diesen Tagen.

Ich habe ein großes Problem:
setze ich mich mit meinem Klappstuhl vor das Auto in die Sonne, sitze ich genau im kalten Wind, der auch noch den Sand in die Augen weht.
Setze ich mich hinter das Auto, ist es zwar relativ windgeschützt, aber schattig und deshalb auch wieder kalt.
Rechts und links neben unserem Wagen habe ich ebenfalls wieder das Windproblem.

Was ist zu tun? Mein Schatz hat eine Idee: „Wir spannen den Sonnenschirm auf, stellen ihn aber nicht aufrecht in den Sand, sondern legen ihn so, dass er Dich abschirmt vor dem Wind." Klingt plausibel, denke ich und antworte: „Das probieren wir mal."

Und der Mistral bläst! Schon das Aufspannen des Sonnenschirms ist problematisch wegen des starken Windes. „Nee, lass mal" sage ich nach einer Weile „der Schirm wird nicht liegen bleiben, sondern direkt wegfliegen. Das hat keinen Sinn". Schatz packt Sonnenschirm wieder ein.

Ich ziehe mir einen weiteren Pullover an und darüber die dicke Jacke mit Kapuze. Sonnenbrille auf der Nase, Hände tief in den Taschen vergraben, aber an den nackten Füssen (die sind nämlich abgehärtet), meine heiß geliebten Birki's, sitze ich nun vor dem Wagen in der Sonne und im Wind. Es sieht recht albern aus und Schatz amüsiert sich köstlich.

Mich macht die Situation aber unzufrieden, weshalb wir beschließen, heute eine Tour auf die andere Seite der Rhône zu machen und uns Port Saint Louis anzusehen. Schön, endlich raus aus dem Wind!

Wir genießen den Ausflug in die kleine gepflegte Hafenstadt. Direkt am Hafen finden wir ein nettes Restaurant. Dort gehen wir am Nachmittag einen Kaffee trinken und lassen uns für den Abend Plätze reservieren.

Um die Zeit bis dahin zu vertreiben, fahren wir zum Plage Napoleon, der ebenso weitläufig ist, wie Plage Piemanson. Fantastisch! Hier bleiben wir heute Nacht, entscheiden wir. Nun zunächst aber wieder zurück zum Restaurant, wo mir ein leckeres Fischgericht und meinem Schatz ein gegrilltes Steak serviert werden.

Nach dem Essen fahren wir zufrieden und satt zu dem von uns erwählten Strandabschnitt und richten uns für die Nacht ein. Als wir im Bett liegen, gibt es das Wind-Problem noch immer, denn so manche Sturm-Böe rüttelt unser Fahrzeug. Hinzu kommt aber eine weitere Sorge, die mir den Schlaf raubt. Es ergibt sich ein bedeutungsvoller Dialog, der auf nachfolgender Seite zu lesen ist.

Bettgeflüster 3

Ich: „Ich kann nicht schlafen."

Schatz: „Warum nicht?"

Ich: „Es ist so dunkel hier."

Schatz: „Ganz normal: wir wollen ja auch schlafen."

Ich: „Aber ich kann gar nichts sehen!"

Schatz: „Du sollst ja auch die Augen zu machen und schlafen!"

Ich: „Es ist trotzdem zu dunkel."

Schatz: „Wenn ich meine Augen zumache, brauche ich kein Licht, weil ich dann sowieso nicht mehr gucken kann. Ist das bei Dir anders?"

Ich: „Nein, wenn ich die Augen schließe, sehe ich natürlich auch Nichts mehr."

Schatz: „Also Augen zu!"

Ich: „Aber es ist doch so dunkel. Nicht einmal der Mond scheint."

Schatz: „Du sollst die Augen schließen und schlafen!"

Ich: „Wenn wenigstens etwas Licht von einer Straßenlaterne in das Auto leuchten würde…"

Schatz: „Das würdest Du mit geschlossenen Augen nicht sehen können!"

Ich: „Doch!"

Schatz: „Neiiiien!"

Ich: „Aber ich wüsste, dass es da ist."

Der Anruf

Auch die dunkelste Nacht nimmt schließlich ein Ende. Nach unserem Frühstück machen wir einen ausführlichen Strandlauf mit unserer Hündin. Der Himmel ist strahlend blau, aber der Wind bläst und bläst!

Gegen Mittag klingelt unser Telefon. Freunde von uns sind ebenfalls in der Provence unterwegs und berichten: „Wir waren auch in Piemanson, aber der Wind hat uns ganz schnell von dort wieder vertrieben. Das ist ja nicht auszuhalten in diesem Jahr. Wir stehen jetzt auf unserem Lieblings-Campingplatz. Es ist traumhaft schön hier, richtig warm und vom Wind merkt man praktisch nichts. Ihr solltet auch hierher kommen. Platz ist genug!"

Nach kurzer Beratung zwischen Schatz und mir, entscheiden wir uns, ebenfalls die Küstenregion zu verlassen und die letzten beiden Urlaubstage im Landesinneren zu verbringen. Wir treffen unsere Freunde in St. Etienne-du-Gres und können ohne dicke Pullover und Jacken in der Sonne sitzen.

Vom Atlantik zum Mittelmeer

Juchuu, in diesem Sommer gönnen wir uns vier Wochen Urlaub. Die Zeit werden wir auch brauchen für diese geplante große Tour: zunächst sind wir mit Freunden verabredet, die mit ihrem Wohnanhänger auf einem Campingplatz in der Nähe von Lacanau, unweit der Atlantikküste im südlichen Frankreich stehen. Wegen unserer bereits erwähnten Campingplatz-Allergie wissen wir allerdings von vorne herein, dass wir uns maximal drei Tage auf dem Campinggelände aufhalten werden. „Egal" sagen unsere Freunde, „Hauptsache wir sehen uns und haben eine schöne Zeit zusammen."

Schon bei der Abfahrt zu Hause ist das Wetter fantastisch und die Reise bis Bordeaux verläuft perfekt. „Wenn wir schon hier sind, sollten wir uns auch die Stadt auch ansehen" macht Schatz den Vorschlag und wir bleiben knapp zwei Tage hier. Es lohnt sich! Wir entdecken wunderschöne Plätze und Ecken und ich könnte direkt hier bleiben. Doch wir sind ja verabredet, der Stellplatz bei Lacanau ist bereits reserviert und so fahren wir weiter dem Atlantik entgegen. Wie verabredet treffen wir unsere Freunde, haben eine unterhaltsame Zeit miteinander und fahren nach drei Tagen weiter.

Unsere nächsten Ziele sind Arcachon und Biscarosse, dann Europas größte Düne, die Dune du Pilat und weiter in südliche Richtung an der Küste entlang bis Bayonne, danach auf der Autobahn über Carcassonne und Narbonne bis an Mittelmeer. In Leucate ist wiederum ein Treffen mit Freunden geplant.

Die Leser fragen sich jetzt wahrscheinlich, was sich denn während dieser Reise alles an Merkwürdigkeiten ereignet hat. Da kann ich nur sagen: Nichts! Es scheint ein perfekter Urlaub zu werden; ohne Probleme, ohne Hindernisse, ohne Pannen. Oder doch, ein kleiner Zwischenfall ist erwähnenswert...

Reise-Dialog 3

Nach einem Zwischen-Aufenthalt setzen wir unsere Fahrt auf der Landstraße wieder fort. Schatz fährt etwas zu heftig in die nächste Kurve; lautes Gepolter aus dem hinteren Bereich des Wohnmobils erschreckt uns.

Schatz: „Was war das?"

Ich: „Du bist etwas zu scharf in die Kurve gefahren."

Schatz: „Das habe ich selbst gemerkt. Aber was hat da so gepoltert?"

Ich: „Ach Du Sch… Die Kühlschranktüre war nicht gesichert und der gesamte Inhalt ist rausgeflogen!"

Schatz: „Wer war zuletzt am Kühlschrank?"

Ich: „ Keine Ahnung…"

Schatz: „Immer dran denken: den Sicherungsknopf der Kühlschranktüre nach unten drücken!"

Ich: „Ach so?"

Schatz: „Dafür ist er da!"

Ich: „Hättest Du das mal besser getan, nachdem Du Dir die Flasche Cola geholt hast!"

Schatz: „Hätätätäääääääää."

Rette Frauchen

An einem Plage an der Atlantikküste (ich kann mich nicht mehr an den Ortsnamen erinnern) finden wir in einem Strand-Shop ein Schwimmboard, nicht zu verwechseln und überhaupt nicht vergleichbar mit einem Surfbrett. Das flache Board mag wohl ungefähr fünfzig Zentimeter breit und achtzig Zentimeter lang sein und hat einen etwa fünf Zentimeter starken Kern aus Schaumstoff, der mit Textilmaterial bezogen ist. Nach vorne verjüngt sich die Form und bildet eine, leicht nach oben gebogene Spitze, an der eine stabile Kordel befestigt ist, damit man das Board festbinden, halten oder im Wasser ziehen kann.

Tolle Sache, meint mein Schatz; dann müssen wir nicht mehr die Luftmatratze aufpumpen, sondern nehmen stattdessen dieses Board, um im Wasser zu dümpeln. „Nein, wir haben kein Stauraumproblem im Auto. Ich finde schon einen Platz dafür" antwortet mein Liebster mir, nachdem ich meine Bedenken wegen des möglicherweise auftretenden Platzproblems geäußert habe. Und tatsächlich: unser neues ‚Schwimmgerät' ist flach genug, um seinen Raum fortan direkt vor dem zusammengeklappten Campingtisch und den Klappstühlen zu finden.

Wir treffen in Leucate ein, begrüßen unsere Freunde und packen die Campingmöbel aus. Das Wetter ist fantastisch, der Wind macht heute mal Pause und wir können ausgiebig von unserer Zeit an der Atlantikküste berichten. Auch unsere neueste Errungenschaft, das Schwimm-Board, welches bereits im Sand liegt, wird interessiert begutachtet. Nun noch ordentlich wasserfeste Sonnencreme auftragen, dann werden wir uns zu Wasser lassen.

Da wir beide schwimmen können, brauchen wir natürlich nicht unbedingt eine Schwimmhilfe, aber es ist lustig und bequem, sich auf einer Luftmatratze oder Ähnlichem in den Wellen dümpeln zu lassen. Ich schnappe mir das leichte Schaumstoff-Brett, begebe mich damit zum Ufer, laufe noch ein paar Schritte, lege mich dann auf das Board und paddle mit den Händen, um den Uferbereich zu verlassen und in tieferes Wasser zu gelangen.

Unsere Hündin, die das ganze Geschehen bisher mit wachem Blick aber ruhig und entspannt beobachtet hat, steht nun aufgeregt und bellend am Ufer. Als sie merkt, dass ich mich mehr und mehr entferne, hält sie es nicht mehr aus, springt ‚todesmutig' in die Fluten und schwimmt hinter mir her. Sie entdeckt die am Board befestigte Kordel, die auf der Wasseroberfläche schwimmt, schnappt mit ihrer Schnauze danach und zieht mich, mitsamt der Schwimmhilfe, zurück an Land.

Große Belustigung bei den übrigen Strandbesuchern, die, aufmerksam geworden durch das Hundegebell, den ganzen Vorgang amüsiert beobachten.

„Wir hätten es wissen müssen" sage ich zu meinem Schatz, als ich wieder auf meinem Stuhl Platz nehme, „sie will doch immer alles aus dem Wasser retten und hat es sogar schon bei dem einen oder anderen Surfer probiert und nur durch gutes Zureden konnten wir sie von ihrem Vorhaben ablenken." „Stimmt! Sicher wäre sie ein ausgesprochen guter Rettungsschwimmer geworden, wenn wir dies gewollt hätten" antwortet Schatz. Erheitert und trotzdem irgendwie auch stolz schauen wir zu unserem Vierbeiner, dem treuen Begleiter und Lebensretter, der völlig entspannt in der Sonne liegt und sein Fell trocknen lässt.

Leucate ist ein Paradies für Surfer. Aber wo sich Surfer zufrieden tummeln, ist auch Wind, meistens sogar: viel Wind! Und der Mistral in Südfrankreich kann, ganz besonders für sonnenhungrige Nicht-Surfer, richtig ekelhaft werden und den Urlaub an der Küste regelrecht verderben. Auch dürfen wir nicht vergessen, dass wir nicht ewig Urlaub haben und Schatz erinnert an die noch vor uns liegende Strecke und die Heimfahrt.

Angetrieben durch unser Pflichtbewusstsein und den starken Mistral, der zwischenzeitlich wieder auflebt, verabschieden wir uns von unseren Freunden und Leucate und fahren auf der Autobahn die Strecke bis Arles, um Zeit zu gewinnen. Die letzten freien Tage wollen wir gerne an unserem Lieblingsstrand in der Camargue verbringen.

Sketch on the Beach

Die letzte Woche im August hat gerade begonnen; es ist also noch Hauptferienzeit in Frankreich. Das zeigt sich ganz deutlich an der Vielzahl der Zelte, Wohnwagen und Camperfahrzeuge, die wir bei unserem Eintreffen am Badestrand vorfinden. Der Strandbereich ist allerdings sehr weitläufig und so ist es kein Problem für uns, dennoch einen schönen Platz, unweit der Dünen und ein paar Meter vom Wasser entfernt, zu finden.

Ich habe es mir auf dem Liegestuhl bequem gemacht und lausche, mit geschlossenen Augen, dem Stimmengewirr der anderen Feriengäste, vermischt mit dem leisen Rauschen des Meeres und bin kurz davor, einzuschlafen. Mein Schatz sitzt im Klappstuhl und liest einen spannenden Kriminalroman. Unsere Hündin hat einen schattigen Platz unter dem Auto gefunden.

Unsere friedliche Ruhe wird jedoch jäh gestört, als der Eisverkäufer mit seinem Lieferwagen, unterstützt durch eine weithin hörbare Klingel, langsam durch den Sand fährt, alle paar Meter anhält, um den herbei eilenden Badegästen sein leckeres Eis zu verkaufen. Da können auch wir nicht widerstehen. Jeder mit einem Eisbecher ausgestattet kehren wir zu unserem Auto zurück, nehmen wieder unsere Plätze ein und beobachten nun das muntere Treiben rings um uns herum.

Schatz stups mir in die Seite, zeigt mit seiner Hand nach schräg links vor uns und sagt: „Sieh mal dort. Kannst Du das erkennen? Was macht der Mann da?" Ich versuche herauszufinden, was er meinen könnte und blicke den Strand entlang in die Richtung, die er mit seiner Hand angedeutet hat, finde aber nichts Auffälliges und schaue ihn nun fragend an. „Jetzt guck doch mal. Du musst dort schauen, am Strand, genau zwischen dem roten Sonnenschirm links und dem weiß-blauen Sonnenschirm rechts davon." Ah, dieser Hinweis hilft und nun entdecke auch ich, was meinen Schatz beschäftigt.

Ich sehe einen Mann mit Halbglatze, Brille, beachtlichem Bierbauch, in einer blauen, halblangen, weiten Badehose. Er steht neben seinem Liegetuch im Sand und richtet sich hoch auf, seine über dem Kopf lang ausgestreckten Arme ragen in die Höhe. In den Händen hält er einen etwa zwei Meter langen bunten Textilschlauch oder Ähnliches. „Könnte irgendein Windspiel sein" sage ich zu meinem Schatz, weil ich sehe, dass dieses Etwas aus Stoff so schön flattert im Wind. „Denkst Du? Aber warum hält er es so in die Höhe? Das ist doch anstrengend" fragt mein Liebster mich. „Na, das weiß ich nun auch nicht" ist meine Antwort und ich wende mich wieder meinem Eis zu.

„Ha. Es lebt! Gerade hat es sich bewegt!" höre ich von meinem Schatz. „Was? Wie bewegt?" will ich nun wissen, da ich noch immer mit meinem Eisbecher beschäftigt bin und kaum Zeit für Beobachtungen habe. „Da steht jemand drin, in dem Stoff-Teil" diese Worte meines Liebsten lassen mich nun wieder aufschauen und in Richtung des Strandareals - wenige Meter entfernt, in halblinker Position vor uns - blicken.

In diesem Moment lässt die linke Hand von Herrn ‚Bierbauch' den Stoff los, er schüttelt den Arm, der wohl zwischenzeitlich zu kribbeln anfängt, weil er ihn zu lange schon nach oben strecken musste. Doch jetzt wird der Stoff, den ich nun als bunt bedrucktes Betttuch identifizieren kann, nicht mehr richtig gehalten und öffnet sich - nicht nur nach oben, sondern auch zur Seite - und, unterstützt durch den heftigen Wind, flattert das Textil in alle Richtungen auseinander und gibt den Blick auf das Innerste preis: die Gattin (auch mit Bierbauch, jedoch weniger ausgeprägt), die gerade versucht, sich ihres nassen Badeanzugs zu entledigen. Doch weil der Gemahl die mobile Umzugskabine nicht richtig festhält, kann sie ihr Vorhaben nicht ausführen, greift sich die flatternden Seitenteile der Stoffbahn, rafft sie vorne unter ihrem Kinn zusammen, blickt nun zwischen dem Stoff hindurch nach draußen und erteilt ihrem Angetrauten einen heftigen Rüffel und die Anweisung, er möge doch wieder mit beiden Händen den Umhang festhalten und schön nach oben heben.

Herr ‚Bierbauch' stellt sich wiederum auf die Zehenspitzen, mit hoch erhobenen Armen hält er oben den Stoff zusammen, in der Hoffnung, dass seine Angebetete sich nun endlich abtrocknen und umziehen wird, weil die Arme ihm wirklich schwer werden. Er achtet jedoch nicht auf die Windrichtung, weil es ihm wichtiger erscheint, den drei in super knappen Bikinis dekorierten Strand-Schönheiten, welche soeben, an der Wasserkante entlang stolzieren, hinterher zu blicken - hält die Kabine mit der offenen Seite in den Wind und schwupps - steht Frau Gemahlin wieder im Freien.

Mein Schatz und ich können uns schon kaum mehr halten vor Lachen. Unsere Eisbecher sind mittlerweile leer und somit können wir uns nun voll und ganz dem Geschehen, das sich kurzer Entfernung vor uns abspielt, widmen.

Abermals taucht der Kopf der Angetrauten zwischen dem Stoff auf. Erneut gibt es einen Verweis für den Herrn Gemahl und die Belehrung, die Notfall-Umkleidekabine nicht nur hoch zu heben, sondern auch auf die Windrichtung zu achten und mit einer Hand die seitlich flatternden Stoff-Enden zusammen zu halten, damit auch niemand zusehen kann, wenn sie sich gleich entblößen wird.

„Nein, ich glaube das jetzt aber nicht. Die Lady könnte längst umgezogen sein, ohne dass es andere Badegäste bemerkt hätten" sprudelt es aus mir heraus. Doch inzwischen sind etliche Strandbesucher auf das Treiben dieser Beiden aufmerksam geworden und das Geschehen entwickelt sich zu einem regelrechten Sketch on the Beach.

Herr ‚Bierbauch' hat jetzt genug und beschließt, sich nicht länger zum Gespött der Menschheit machen zu lassen. Völlig entnervt wickelt er das Gewebe locker um den gesamten Körper - einschließlich Kopf - seiner Frau und setzt sich auf sein Badetuch im Sand. Er öffnet die neben ihm stehende Kühlbox und entnimmt ihr eine Flasche Bier - der Bauch will ja auch genährt sein - und entdeckt in wenigen Metern Entfernung eine sonnengebräunte wohlgeformte blonde Schönheit in ihrem Liegestuhl, die er nun mit sehnsüchtigen Blicken fixieren kann.

Frau ‚Bierbauch' hingegen sieht mit dem übergeworfenen Betttuch wie ein Gespenst aus und benimmt sich auch so: wildes Fuchteln mit den Armen bringt das bunt bedruckte Gewebe in Wallung. Die leichteste Übung ist ja noch, den nassen Badeanzug auszuziehen. Das geht auch recht fix, wie wir aus den Bewegungen des Tuches erkennen können. „Unterwäsche anziehen ist einfach, auch mit Shorts oder Rock sollte es unproblematisch sein. Doch mit dem T-Shirt, das dürfte noch mal spannend werden" sinniere ich halblaut vor mich hin und mein Schatz kann sein Grinsen im Gesicht nicht unterdrücken.

Und in diesem Moment ist es soweit: das ‚Gespenst' - bisher in gebückter Haltung aktiv - richtet sich auf. Der Stoff wird von innen festgehalten und vorsortiert, bis plötzlich der rechte Arm nach oben aus der improvisierten Umkleidekabine heraus gestreckt wird, in der Hand das T-Shirt haltend.

„Ich bepinkle mich gleich vor Lachen" höre ich meinen Liebsten neben mir prusten „das glaubt uns keiner, wenn wir das zuhause erzählen". Die Situation ist tatsächlich so grotesk, dass noch mehr Badegäste aufmerksam geworden sind und hinter vorgehaltener Hand heimlich kichern oder sogar ganz offen lachen. „Gut, dass es ein rotes T-Shirt ist; ein weißes Hemdchen würde jetzt wie eine weiße Fahne aussehen" bemerkt mein Schatz, als wir sehen, wie sehr das Shirt im Wind flattert. „Die arme Frau, warum macht sie es sich auch so schwer? Niemand würde ihr etwas weggucken, wenn sie sich öffentlich umziehen täte; das machen hier alle Badegäste. Ob sie wohl jemals wieder unter der Verkleidung hervorkommen wird?" lachend und seufzend zugleich, stelle ich mir solche Fragen.

Nach einer Weile darf ein weiterer Körperteil die ‚Verhüllung' verlassen; es ist der Kopf von Frau ‚Bierbauch-Gespenst'. Der zweite

Arm hält indessen von innen noch immer die Stoffbahnen zusammen. Der rechte Arm bemüht sich nun, das im Wind noch immer stark flatternde Shirt über den Kopf zu stülpen, was nicht auf Anhieb, aber beim dritten oder vierten Versuch endlich gelingt. Die rechte Hand darf jetzt noch heftig zerren und ziehen, bis der Kopf den dafür vorgesehenen ‚Eingang' findet (es braucht schon eine gewisse Übung, mit nur einer Hand ein Shirt über den Kopf zu ziehen!) und sucht sich danach den Weg durch den Ärmel des T-Shirts.

„WOW. Was für eine Leistung! Ich bin beeindruckt. Kannst Du das auch?" fragt mein Liebster mich lachend, bevor die unterhaltsame Szene ihren Fortgang nimmt.

Der nun bekleidete Arm von Frau ‚Bierbauch-Gespenst' verschwindet unter dem Bettuch und der unbekleidete Arm darf nach draußen und ebenfalls seinen Weg in den anderen Ärmel finden. Frau ‚Gespenst' ist jetzt nicht mehr Strand-Gespenst, denn das Stofftuch flattert soeben davon, weil sie es, nachdem die Umzugsaktion beendet ist, einfach losgelassen hat. „Jetzt aber schnell hinterher" spöttelt mein Schatz, dem, genau wie mir, die Lachtränen in den Augen stehen. Nun können wir die Frau von ‚Herrn Bierbauch' endlich im Ganzen sehen und stellen fest, dass die Dame in Freizeitkleidung und mit verwuschelten Haaren zwar etwas korpulent ist, aber ganz sicher keinen Grund hat, sich wegen ihrer Figur oder ihres Aussehens zu schämen.

„Warum müssen wir immer solche komischen Beobachtungen oder kuriosen Erfahrungen machen?" erkundige ich mich bei meinem Liebsten, der mich fröhlich anschaut und meint: „Diese Frage habe ich mir auch schon oft gestellt und finde keine Antwort darauf. Ich weiß nur, das dies alles Geschichten sind, die wir in unserem Buch irgendwann veröffentlichen werden."

Bettgeflüster 4

Während unserer Ferien sind wir völlig entspannt, was ja auch der Sinn von Urlaub ist. Wochentage oder gar ein Datum interessieren uns recht wenig; wir genießen einfach die arbeitsfreie Zeit. Je mehr wir uns aber dem Ferien-Ende nähern, umso öfter rückt auch die Pflicht wieder ins Gedächtnis.

So auch an diesem Morgen…
Unser Urlaub ist fast zu Ende und die letzten freien Tage sind angebrochen. Ich darf meinen nächsten geschäftlichen Termin nicht verpassen! Schatz, der Frühaufsteher, hat bereits Kaffee gekocht und ich nehme - noch im Halbschlaf und mit geschlossenen Augen - das Kaffee-Aroma wahr. Ich bin zwar bemüht, langsam wach zu werden, aber das kann dauern. Dennoch beginne ich - dummerweise - ein Gespräch und folgender kurzer Dialog entwickelt sich:

Ich: „Welcher Tag ist heute?"

Schatz: „Donnerstag."

Ich: „Kann man dazu auch mal ein Datum haben?"

Schatz: „Moment. Heute ist Donnerstag, der 30. August."

Ich: „Danke das genügt. Dann kann ich noch weiter schlafen!"

Purer Luxus

Ich: „Schaatz."

Schatz: „Ja, was ist?"

Ich: „Die Sucht plagt mich."

Schatz: „Was? Seit wann?"

Ich: „Seit einigen Tagen."

Schatz: „Wonach gelüstet Dir denn?"

Ich: „Nach Süßem."

Schatz: „Schokolade?"

Ich: „Nein. Besser."

Schatz: „Eiscreme?"

Ich: „Falsch. Besser."

Schatz: „Etwas Spezielles?"

Ich: „Ja. Sehr Speziell."

Schatz: „Torte?"

Ich: „Ähnlich."

Schatz: „Süss-sauer und gelb?"

Ich: „Yup."

Schatz: „Ich weiß es. Ich weiß es."

Ich: „Hast Du auch Lust darauf?"

Schatz: „Unbedingt! Aber nur mit Meerblick!"

Ich: „Tarte au Citron an der Côte. Was gibt es Besseres?"

Wie bereits im Vorjahr sind wir auch für den kommenden Silvester-Abend wieder mit unseren Freunden in St. Tropez verabredet. Und wie im letzten Winter machen wir wieder eine der mittlerweile bewährten Nachtfahrten nach Südfrankreich. Alles läuft perfekt, in Frankreich wird nicht gestreikt, es gibt also auch keinen Benzinmangel, das Wetter an der Côte d'Azur ist ebenfalls wieder fantastisch. Kurz vor Erreichen unseres Zieles, etwa fünf Kilometer von der Stadt entfernt, beginnt unser Auto zu murren: immer dieses Hin und Her und Raus und Rein ist mir zu doof; ich fahre jetzt nur noch mit dem dritten Gang! „Ach nein! Das hätte doch jetzt nicht kommen müssen" beschwert sich mein Schatz, wohl wissend, dass wir heute und morgen keine Werkstatt finden werden, die den Schaden beheben könnte, weil der erste Januar auch in Frankreich ein Feiertag ist. Mit Mühe erreichen wir den Hafenparkplatz in St. Tropez, wo unsere Freunde aus den Niederlanden uns bereits erwarten.

Wir haben bald herausgefunden, dass die nächste Vertragswerkstatt sich im etwa dreißig Kilometern entfernten Küstenort Frejus befindet und beschließen, den Wagen am zweiten Januar dort zur Reparatur zu geben. Die Sorgen um das Auto vermiesen uns etwas die Silvester-Stimmung, doch unsere Freunde muntern uns auf und bieten an, dass sie uns nach Frejus begleiten werden. Als Trost gibt es nun Tarte au Citron für Alle!

Wie im Vorjahr wird auch dieser Silvester-Abend mit einem schönen Feuerwerk im Hafen beendet und von uns mit einem Glas Sekt gefeiert. Den ersten Januar verbringen wir mit Spaziergang durch die Stadt und den Hafen, finden sonnige Plätze vor einem Café. In privilegierter Lage und mit direktem Blick auf die Schiffe bestellen wir Cappuccino zu einem einzigartigen Preis. Luxus pur, aber man gönnt sich ja sonst nichts!

Kunst und Düfte

Danach gehen wir bald zu Bett, weil wir uns vorgenommen haben, am nächsten Morgen, oder besser gesagt, lange vor Ende der Nacht, die Fahrt nach Frejus durchzuführen. Damit wir den morgendlichen Berufsverkehr nicht durch unser langsames Getucker mit dem 3-Gang-Getriebe stören, fahren wir gegen vier Uhr in der Frühe los und erreichen die Stadt, lange bevor die Geschäfte öffnen.

In der Werkstatt sind wir somit auch die ersten Kunden. Nach kurzer Diagnose erfahren wir, dass für die Reparatur ein Ersatzteil bestellt werden muss, welches, wenn wir Glück haben, bereits am nächsten Tag - jedoch erst in den Nachmittagsstunden - geliefert werden wird. Der Einbau sei dann in einer halben Stunde erledigt. Das klingt gut! Wir können nun einigermaßen beruhigt sein und es scheint so, als würden auch die Kosten sich in Grenzen halten. Um wie viel schlimmer ist es doch gewesen, als vor zwei Jahren die Wasserpumpe den Dienst versagt hat: der gesamte Motor musste ausgebaut werden und es war richtig, richtig teuer!

Wir verlassen die Werkstatt wieder, parken auf dem nahe gelegenen Marktplatz der Stadt, wo wir auch in der Nacht stehen können. Gar nicht so schlecht, wie wir feststellen: ein Platz für Boule-Spiele ist ebenso vorhanden wie einige Sitzbänke. Kaum haben wir unser ausgiebiges Frühstück beendet, sehen wir auch schon den Wagen unserer Freunde eintreffen. Wir berichten über den recht positiven Sachverhalt mit der Werkstatt und unsere Freunde laden uns zu einem Ausflug ein mit den Worten: „Das ist doch besser, als den ganzen Tag hier im Auto zu sitzen. Heute Abend kommen wir wieder zurück und Ihr könnt dann in Eurem Wagen übernachten und für morgen überlegen wir uns auch noch etwas". Was für eine schöne Geste und tolle Überraschung: NL wie ‚Nette Leute'!

Wenige Minuten später sitzen wir, selbstverständlich mit unserer Hündin, in eben diesem ‚NL-Wohnmobil' und fahren Richtung Nizza. Mir fällt der Name eines kleinen, sehr idyllischen Bergdorfes, welches ich vor wenigen Jahren bereits einmal besucht hatte, wieder ein und schlage vor, auch heute dort hinzufahren. Vorschlag einstimmig angenommen, wir fahren nach St. Paul de Vence. Gegen Mittag erreichen wir die bergige Landschaft im Hinterland von Nizza und das NL-Mobil schafft bravourös die Steigung. Auf etwa halber Höhe wird es jedoch abgebremst und am rechten Straßenrand, unter Schatten spendenden Bäumen geparkt. „Picnic" ruft unser Freund. Schatz sieht mit viel sagendem Blick zu mir rüber und ich muss mich beherrschen, damit ich nicht vor Lachen von der Sitzbank falle.

Wenige Minuten später sind Tisch und Sitzmöbel aufgebaut und es gibt einen umfangreichen Imbiss. So kommen wir doch tatsächlich zu dem Vergnügen, gemeinsam mit waschechten Niederländern ein Picnic an der Straße zu erleben. Selbstverständlich sprechen wir mit unseren Freunden über unsere Picnic- und Camping-Beobachtung und erfahren nun auch den möglichen Hintergrund dafür: die Menschen in den Niederlanden lieben die Sonne. Nur leider ist das Klima in Holland selten schön genug für längere Aufenthalte im Freien. Deshalb wird jede sich bietende Möglichkeit ausgenutzt, um sie in der Sonne zu verbringen und man findet, sobald das Wetter schön ist, die Camper an allen möglichen und unmöglichen Orten. Klingt plausibel. Gut, dass wir darüber gesprochen haben!

Nach dem Picnic erreichen wir St. Paul de Vence, besuchen zunächst die Kunstausstellung der Fondation Maegh; danach besichtigen wir das malerische Künstlerdorf selbst, welches, eingerahmt von einer alten Stadtmauer, und durchzogen von engen Gassen, auf der Kuppe eines Berges errichtet wurde. Die Häuser in typisch provencalischer Bauweise, Brunnen, Treppen und Höfe bieten jede Menge schöner Fotomotive. Einigen Künstlern kann man bei der Arbeit in ihren Werkstätten zuschauen und, selbstverständlich auch deren Werke, die in zahlreichen Ateliers angeboten werden, käuflich erwerben.

Nach einer Stärkung (mit Tarte au Citron!) in einem kleinen Café, erreichen wir wieder das Wohnmobil und sind neugierig, was als Nächstes geplant ist. Von unseren Freunden erfahren wir, dass wir jetzt nach Grasse fahren. In der Stadt und deren Umgebung findet man eine Vielzahl bekannter Parfümeure und einer dieser Betriebe soll unser nächstes Ziel sein.

Wir erreichen die Stadt, und bereits nach kurzer Suche finden wir ein Unternehmen (an den Namen kann ich mich leider nicht mehr erinnern), in welchem nicht nur Düfte, sondern auch Seifen, Cremes und Lotionen hergestellt werden. Als wir am Empfang erfahren, dass eine Besucherführung mit Besichtigung der Fabrikation möglich ist, nehmen wir dieses Angebot gerne an. Die Führung dauert etwa eine Stunde und wir erfahren nicht nur Details über den Umgang mit den, teilweise sehr seltenen und deshalb teuren, Duftstoffen aus der Natur; auch Besonderheiten bei der Seifen-Produktion und der Herstellung von Cremes werden uns anschaulich präsentiert. Nach der Führung erhalten interessierte Besucher die Möglichkeit die hauseigenen Produkte zu kaufen. Schatz und ich sind begeistert von einer Creme mit Zitronenduft und wir kaufen zwei Tuben davon. Leider viel zu wenig, wie wir feststellen, denn bereits nach einem halben Jahr sind beide Tuben leer.

Zwischenzeitlich ist es später Nachmittag und Zeit, nach Frejus zurück zu fahren. „Hoffentlich wurde unser Auto nicht geklaut" bemerke ich etwas nachdenklich, aber mein Liebster meint dazu nur: „Ich denke, unser altes ‚Schätzchen' nimmt niemand freiwillig mit". Und er behält Recht: wir finden unseren Wagen, wo wir ihn am Vormittag abgestellt haben, bereiten ein Abendessen, bedanken uns bei unseren Freunden für den tollen Ausflug, fallen bald darauf erschöpft ins Bett und plaudern noch ein wenig über die heutigen Erlebnisse:

Schatz: „Glaubst Du mir jetzt die Story über Holländer und Picnic?"

Ich: „Nach dem heutigen Tag: ja!"

Schatz: „Ich ahnte es schon, als wir am Straßenrand hielten."

Ich: „Nee, ich nicht. Erst bei dem Wort ‚Picnic' rutschte ich fast vom Sitz."

Schatz: „Gut, dass Du es selbst erleben konntest."

Ich: „Die Autofahrt war überhaupt ein Erlebnis für sich."

Schatz: „Niederländer fahren so; ist ganz normal."

Ich: „Immer?"

Schatz: „Jaaa!"

Ich: „So rasant in die Kurven und durch die Berge?"

Schatz: „In Holland gibt es keine Berge."

Ich: „Das weiß ich."

Schatz: „Also genießen sie jeden Ausflug in bergiger Gegend."

Ich: „Da kann man trotzdem langsamer fahren."

Schatz: „Nicht, wenn man aus Holland kommt."

Ich: „Du erzählst mir wieder Blödsinn!"

Schatz: „Nein."

Ich: „Trotzdem war es ein schöner Tag."

Schatz: „Oh ja. Für uns alle."

Ich: „Sogar Sunny hat auf das NL-Mobil aufgepasst wie auf unser eigenen Auto."

Schatz: „Ja, die beiden Holländer gehören mittlerweile zur Familie."

Ich: „So sehe ich das auch! Und ich denke, Dir geht es ebenso."

Schatz: „Ganz sicher. Schön, solche Freunde zu haben!"

Glück gehabt

Die Nacht ist wieder nur sehr kurz und im Morgengrauen verlassen wir den Marktplatz, um direkt zur Werkstatt zu fahren. Bereits am Vortag haben wir erfahren, dass für den heute stattfindenden Wochenmarkt in aller Frühe die Verkaufsstände aufgebaut werden und damit wir niemandem im Wege stehen und Platz wegnehmen, mögen wir doch bitte woanders parken.

Um die Zeit bis Mittag zu überbrücken, nutzen wir die Gelegenheit zu einem Stadtbummel durch Frejus und den angrenzenden Ort St. Raphael. Als wir wieder bei dem Reparaturbetrieb eintreffen, zeigt man uns stolz das bereits gelieferte Ersatzteil: ein kleines, gebogenes Stück Metall, ich schätze, nicht viel größer als zehn Zentimeter. Kurz darauf wird auch schon die Reparatur durchgeführt, die tatsächlich kaum länger als nur zwanzig Minuten dauert.

Unser Wagen ist wieder zufrieden; schließlich hat er ja bekommen, was er wollte! Wir sind froh und haben Glück gehabt, dass die Reparatur schnell und kostengünstig zu erledigen war. Erleichtert fahren wir zurück nach St. Tropez, wo wir die letzten drei Urlaubstage in der Sonne genießen werden und unsere Freunde uns bereits erwarten.

Unsere kurzen Ferien an der Côte d'Azur enden ohne weitere Störung oder erwähnenswerte Vorkommnisse (ja, das gibt es auch!). Wir sind allerdings bereits für Mai dieses Jahres schon wieder in den Niederlanden verabredet und wer weiß, was uns dort alles widerfahren wird…

Die Stechmücke

Winterurlaub hat im Vergleich zum Sommerurlaub einen großen Vorteil: man wird nicht von lästigen Insekten wie Fliegen oder Stechmücken geärgert. Im Sommer und im Herbst kann es allerdings eine richtige Plage werden, besonders, wenn einer der beiden Reisenden nie gestochen wird, der andere hingegen andauernd von dicken juckenden Pusteln nach Insektenstichen gequält wird. Dialoge, wie der Folgende, sind dann keine Ausnahme:

Ich: „Ach herrje."

Schatz: „Was ist passiert?"

Ich: „Noch Nichts."

Schatz: „Warum sagst Du ‚ach herrje'?"

Ich: „Gerade habe ich es gehört."

Schatz: „Was hast Du gehört."

Ich: „Das Surren."

Schatz: „Häää? Welches Surren?"

Ich: „Das Surren einer Stechmücke."

Schatz: „Die wird Dich schon nicht fressen."

Ich: „Aber stechen!"

Schatz: „Mich nicht."

Ich: „Das weiß ich. Die stechen immer nur mich!"

Schatz: „Was soll ich jetzt machen?"

Ich: „Jagen. Fangen. Töten."

Schatz: „Ich dachte, die Steinzeit wäre vorüber."

Ich: „Nicht, wenn es um Stechmücken geht."

Schatz: „Ich mag jetzt nicht wieder aufstehen."

Ich: „Na gut, dann schmiere ich mich mit Anti-Mücken-Mittel ein."

Schatz: „Iiiiiii, das stinkt ja dann im Bett."

Ich: „Du hast die Wahl: Steinzeit oder Mücken-Mittel."

Schatz: „Na gut, ich gucke mal, ob ich die Mücke finde."

Wir schalten Licht ein und verlassen beide wieder das Bett; Schatz bewaffnet sich mit Fliegenklatsche, um die Mücke, sobald wir sie gefunden haben, erlegen zu können.

Schatz: „Ich sehe keine Mücke."

Ich: „Ich auch nicht. Aber ich höre sie."

Schatz: „Wo denn nur?"

Ich: „Irgendwo da unten."

Schatz: „Unter dem Tisch?"

Ich: „Kann sein."

Schatz: „Ich hole mal die Taschenlampe."

Ich: „Ha, gerade ist sie an meinem Ohr vorbei gesaust."

Schatz: „Jetzt habe ich sie entdeckt."

Ich: „Wo?"

Schatz: „Am Rand der Lampenabdeckung."

Ich: „Hau drauf!"

Schatz: „Dann geht die Lampe kaputt."

Ich: „Lass mich mal. Gib mir die Fliegenklatsche."

Schatz: „Ist schon wieder weg geflogen."

Ich: „Du hast ja nur Angst um die Lampe!"

Schatz: „Blödsinn. Die Lampe ist doch egal."

Ich: „Shit, blöde Mücke. Die versteckt sich gut."

Schatz: „Das hat sie in der Mückenschule gelernt!"

Ich: „Mach Du noch Witze darüber."

Schatz: „Das ist kein Witz, sondern Tatsache."

Ich: „Gehen denn Fliegen auch zur Fliegenschule?"

Schatz: „Selbstverständlich!"

Ich: „Du fantasierst."

Schatz: „Neee. Die wissen ganz genau, wie sie uns am besten ärgern können."

Ich: „Da ist was Wahres dran!"

Schatz: „Komm, lass die Mücke. Wir gehen zurück ins Bett."

Ich: „Okay."

Wir liegen wieder im Bett und es dauert keine zwei Minuten…

Ich: „Iiiii, da ist es wieder."

Schatz: „Was ist nun schon wieder?"

Ich: „Die Mücke surrt um meinen Kopf."

Schatz: „Deck dich bis oben zu, dann findet sie Dich nicht."

Ich: „Mache ich jetzt."

Schatz: „Dann schlaf gut."

Ich: „Danke, Du auch. Och nö…"

Schatz: „Ist noch was?"

Ich: „Puh, das ist unerträglich."

Schatz: „Was denn jetzt noch?"

Ich: „Mir ist so warm."

Schatz: „Du bist ja auch bis oben zugedeckt."

Ich: „Wegen der Mücke."

Schatz: „Soll ich Fenster öffnen?"

Ich: „Untersteh Dich. Dann kommen noch mehr Mücken."

Schatz: „Beweg Dich jetzt nicht. Da! Ich habe sie erwischt" und klatscht seine beiden Hände knapp neben meinem Ohr zusammen.

Ich: „Du bist mein Held! Vielen Dank."

Schatz: „Jetzt wird aber geschlafen!"

Wie kann man nur...

Wie kann man nur immerzu an die Küste fahren?
Zwischen unseren Fahrten an die Meere sind wir auch ganz oft im Binnenland unterwegs gewesen; aber diese Touren passen nicht zu Titel und Inhalt des Buches. Dennoch gibt es - als Zugabe - eine kleine Road-Story ab Seite 162.

Wie kann man nur die beschriebenen Orte finden?
Die genannten Orte sind Original-Schauplätze, die in jeder Karte zu finden sind. Da die Geschichten im Buch jedoch aus den frühen Jahren unserer Wohnmobil-Reisen erzählen, kann ich nicht garantieren, dass diese Plätze noch genauso aussehen, wie in der damaligen Zeit.

Wie kann man nur die genannten Personen finden?
Alle im Buch genannten Namen sind frei erfunden. Ähnlichkeiten mit bereits verstorbenen oder noch lebenden Personen sind rein zufällig und stehen in keinem Zusammenhang mit den in den Geschichten beschriebenen Figuren.

Wie kann man nur international so verbunden sein?
Wir gehörten bereits von Beginn an zu den freiheitsliebenden Menschen, die sich offene Grenzen und ein einheitliches Zahlungssystem in Europa gewünscht haben. Das inzwischen wieder aufkeimende National-Denken in Staaten wie Österreich, den Niederlanden oder Frankreich empfinde ich nicht nur sehr bedenklich; es macht mich auch traurig.

Eine Road-Story, die nicht an der Küste spielt, als Zugabe:

Ute von der Route

Schatz und ich sind begeistert von technischen Neuerungen, insbesondere von Neuheiten im Elektronikbereich. Es gibt jetzt elektronische Navigationssysteme und die Zeit der gedruckten Straßenkarten scheint abzulaufen. Einerseits schade, denn ich liebe es, mir mithilfe der Straßenkarte einen Überblick zu verschaffen, egal, ob wir im eigenen Land oder im Ausland unterwegs sind. Anderseits hat solch ein Navi aber auch viele Vorteile, die auch wir ab jetzt gerne nutzen wollen. Wir kaufen unser erstes Navigationssystem. Mit heutigen Geräten, die technisch viel ausgereifter sind, ist es natürlich nicht vergleichbar: es hat noch keinen Bildschirm zur optischen Streckenanzeige, sondern die Ansagen erfolgen nur akustisch von CD; die Satelliten-Verbindung wird oft behindert, insbesondere durch Bäume; es kostet richtig viel Geld; wird fest in das Auto eingebaut; die Programmierung ist recht umständlich; zur Aktualisierung der Daten muss eine - ebenfalls - sehr teure neue CD-Version gekauft werden. Mit anderen Worten: ein System mit eingeschränkten Fähigkeiten.

Nach ersten Testversuchen in der Umgebung unseres Wohnortes, stellen wir fest: gute Sache! Die freundliche Frauenstimme des Navi-Systems taufen wir auf den Namen ‚Ute'. „Ute von der Route. Das klingt irgendwie lyrisch und sogar adelig" stelle ich fest. Die vielen Straßenkarten der diversen europäischen Urlaubsgebiete und Großstädte, den Europa-Straßen-Atlas wie auch verschiedene Deutschland-Karten benötigen wir nicht mehr; den sehr begrenzten Stauraum in unserem kleinen Wohnmobil können wir ab sofort für andere Dinge nutzen.

Aber Ute ist - wegen der bereits erwähnten begrenzten Fähigkeiten - nicht perfekt. Neue Straßen sind ihr, zum Beispiel, gar nicht bekannt. Und dann ruft sie empört: „Wenn möglich, bitte wenden, bitte wenden!" „Ute, Du spinnst!" antwortet dann der Fahrer und fährt selbstverständlich unbeirrt auf dem neu erbauten Streckenabschnitt der Bundesstraße geradeaus weiter. Sobald wir wieder einen älteren Teil der Straße erreichen, teilt Ute uns aufgeregt mit: "Die Route wird neu berechnet". „Schön, wir freuen uns", so die Antwort des Fahrers.

Extrem anstrengend kann es allerdings werden, wenn wir Utes Anweisungen absolut nicht Folge leisten, weil wir einen kürzeren oder besseren Weg kennen. „Nach dreihundert Metern links abbiegen!" so der Hinweis von Ute. Wir fahren trotzdem geradeaus; wir sind bockig. „Den Kreisverkehr an der dritten Möglichkeit verlassen, danach gleich links abbiegen!" Ute bleibt hartnäckig; wir auch und biegen rechts ab. „Wenn möglich, bitte wenden, bitte wenden!" Wir fahren geradeaus. „Wann wird Ute wohl aufgeben" fragt mein Schatz lachend. „Sie wird Dir gleich ihre Meinung sagen. So etwa in dieser Art: Ihr Vollidioten, könnt Ihr rechts und links nicht unterscheiden? Macht doch, was Ihr wollt, ich leg' mich jetzt schlafen. Und tschüss!"

Doch die wohlerzogene Ute hat viel Geduld und reagiert niemals zickig. Sie navigiert uns recht zuverlässig durch Berlin und München, durch die Allgäuer Alpen ebenso wie durch die Holsteinische Schweiz und den Bayerischen Wald.
„Die Ute ist mir richtig unheimlich" stelle ich plötzlich während einer Fahrt fest. „Wieso?" fragt mein Schatz. „Na, sieh' mal, wo die schon überall gewesen ist. Kennt alle Autobahnen und Landstraßen und findet in jeder City den richtigen Weg. Ute von der Route ist gar keine Adelige, sondern eine echte Straßen-Schlampe!" Gebrüll und Gelächter im Fahrzeug lassen sich kaum noch stoppen; wir amüsieren uns köstlich.

Nur einmal bringt Ute uns in arge Bedrängnis. So geschehen im Harz. Ich weiß zwar, wo sich die Städte Goslar und Bad Harzburg befinden, aber das war's dann auch schon mit meinen Ortskenntnissen in diesem Mittelgebirge.

Nach unserer Übernachtung in einer Kleinstadt im östlichen Harzgebiet starten wir früh morgens. Ute ist programmiert, uns auf die Route Richtung Hamburg zu lotsen. Zunächst läuft alles wie geplant, doch plötzlich gibt Ute die Anweisung links abzubiegen, obwohl an dieser Stelle das Linksabbiegen untersagt ist. Uns bleibt keine Wahl, wir müssen nach rechts, wenn wir keine Strafe riskieren wollen. Ute ist anscheinend irritiert und meldet uns: „Bitte wenden, bitte wenden!" Die Straße, welche kein Wendemanöver erlaubt, sieht sehr neu aus; wahrscheinlich ist auch die gesamte Verkehrsführung dieser neuen Strecke angepasst und die Beschilderung ist noch nicht angebracht worden. Auf Ute können wir uns heute also nicht verlassen und schalten das System ab.

Nach wenigen Kilometern Fahrt, wir sind zwei bis drei Mal abgebogen, befinden wir uns wieder am Ausgangspunkt. Mein Schatz schaut fragend zu mir, aber auch ich habe keine sinnvolle Idee. „Also, jetzt noch einmal von vorne. Kann doch nicht so schwer sein". Wir starten ein zweites Mal und versuchen abermals eine Möglichkeit zu finden, irgendwie in nord-westliche Richtung zu fahren. Wir bemerken, dass uns auch dieser Versuch misslingt, als wir nach etlichen Abbiege- und Wendemanövern erneut am Ausgangspunkt ankommen.

„Och nöö, das ist doch Kacke. Sieh' doch mal im Straßenatlas, wo wir sind und wie wir hier wieder rauskommen" höre ich meinen Schatz - schon recht genervt - sagen. „Würde ich ja gerne machen, aber wir haben keine Straßenkarte dabei. Du weißt, wir haben den Platz für andere Sachen nutzen wollen". „Shit" und „Mist" Schatz flucht heftig, denn zwischenzeitlich hat Schneefall eingesetzt; es ist Anfang Dezember und hier im Harz schneit es gerne, besonders im Winter.

Da in dieser Wildnis des Ostharzes auch kein Mensch auf der Straße zu sehen ist, den wir nach dem Weg fragen könnten, fahren wir wieder los. Der Schneefall hat sich noch verstärkt, die Straßen sind schon dick verschneit um uns herum auf den Höhen des Harzes. Wir wollen in dieser Gegend nicht überwintern und sollten nun wirklich schnellstens einen Weg ins Tal erreichen. Und endlich, endlich gelingt es uns, die Straße Richtung Quedlinburg zu finden. Still und nachdenklich fahren wir weiter.

Nach einiger Zeit höre ich von der Fahrerseite: "Was lernen wir daraus? Die Ute ist gar nicht so schlecht. Aber für den Fall, dass sie ausfällt, sollten wir doch Straßenkarten mitnehmen. Sobald wir zuhause sind, packe ich die Karten wieder ins Auto."

„Ist doch aber auch ganz lustig, mit unserer Ute" antworte ich und füge hinzu: „wir könnten sogar den Titel für einen neuen Hollywood-Film liefern: „Ratlos im Harz".
„Untertitel: Ute von der Route, die Straßen-Schlampe versagt" ergänzt mein Schatz lachend.

Ein Wort zu den Fotos

Die Leser mögen bitte die Qualität der Fotos aus den frühen Jahren entschuldigen; meist sind es gescannte alte Papierbilder. Ich bin froh, dass ich überhaupt noch alte Fotos finden konnte, denn mein Schatz hat gern aufgeräumt und aussortiert, sogar bei den Bildern.

Auch die Fotos unserer ersten beiden Digital-Kameras (welches bei weitem keine High-tech Modelle waren) lassen noch zu wünschen übrig.

Erst im Laufe der Jahre verbessert sich auch die Qualität der Bilder. Ich hoffe dennoch, dass ich einige sehenswerte Informationen an die Leser weitergeben kann.

Foto oben: Unsere Hündin Sunny war 13 Jahre lang unsere treue Begleitung
Fotos unten: „Sind wir schon am Wasser?"

Foto oben: Erholung auf dem Fahrersitz.
Foto unten: Kommen Fremde?

Foto 1-5: Lido Torre del Lago Puccini, Toscana, Italien

Foto 1+2: Der Berg Canossa, Italien

Fotos 1-3: Lido Quarantotto, Basilicata, Italien

Fotos 1-3: Schwimmen und Schnorcheln im Mittelmeer, Lido Quarantotto, Italien

Foto 1: Stock retten
Foto 2: kräftig schütteln
Foto 3: Sonnenbad nehmen und Schuhe bewachen

Das Atomium in Brüssel, Belgien

Foto 1: Atomium Detailaufnahme
Fotos unten: Besichtigung der Ausstellung

Blick vom Atomium auf die Stadt (mit Regentropfen an der Scheibe)

Foto 1+2: breiter Strand in Oostvoorne, Niederlande
Foto unten: überfluteter Strand nach dem Gewittersturm

Foto 1 + 2: Stadtbesichtigung Rotterdam, Niederlande

Foto 1: Stadtbesichtigung Rotterdam, Niederlande
Foto 2: Küstenort Brielle, Niederlande

Foto 1+2: Europoort Rotterdam, Niederlande

Foto 1-3: Piemanson Plage, Camargue, Frankreich

Foto 1-3: Piemanson Plage, Camargue, Frankreich

Foto oben: Bay-Watch-Dog Sunny
Foto unten: Strand umgraben macht auch Spaß

Foto 1+2: Sonnenuntergänge am Plage Piemanson, Frankreich

Foto 1-4: Am Plage Piemanson nach dem Tornado

Fotos 1-3: Plage Napoleon, Camargue, Frankreich

Foto 1+2: Port St. Louis, Camargue, Frankreich

Foto 1+2: Ausflug nach Marseille

Foto 1-3: Ausflug in die Camargue

Foto 1+2: Meersalzgewinnung bei Salin-de-Giraud, Camargue, Frankreich

Foto 1+2: Ausflug nach Ste. Maries-de-la-Mer, Camargue, Frankreich

Foto 1+2: Stadtbesichtigung in Arles, Camargue, Frankreich

Foto 1-3: Stadtbesichtigung in Arles, Camargue, Frankreich

Foto 1+2: Port Leucate, Südfrankreich

Foto 1+2: Steilküste im Grenzgebiet zwischen Frankreich und Spanien

Foto 1 und 2: Im Hafen von St. Tropez, Côte D'Azur, Frankreich

Foto 1+2: Die Burg von Mornass, Frankreich

Foto 1+2: Le Treport, Normandie, Frankreich

Foto 1-3: Luftkissen-Schiffe in Calais

Hafen von Calais, Frankreich

Foto oben: Carcans Plage, Médoc, Südwestfrankreich
Foto unten: Maubuisson, Carcans Plage

Foto 1+2: weite Dünenlandschaften in Lacanau Ocean, Atlantikküste, Südwestfrankreich

Foto 1+2: Lacanau Ocean, Atlantikküste, Südwestfrankreich

Foto oben und unten rechts: St. Paul de Vence, Südfrankreich
Foto unten links: in der Provence, Frankreich

Foto 1 und 2: Esterel Gebirge an der Côte d'Azur, Frankreich

Foto 1 und 2: Pampelonne Plage, Côte d'Azur, Frankreich

Foto 1 und 2: Pampelonne Plage, Côte d'Azur, Frankreich

Die Autorin

Elke Stern ist im Rhein-Main-Gebiet geboren und aufgewachsen. Die Leidenschaft zum Reisen, um fremde Länder und Kulturen kennen zu lernen, wurde ihr, ebenso wie die Gabe zum Texten und Schreiben, in die Wiege gelegt. Zusätzlich ausgestattet mit viel Humor und einer großen Portion Selbst-Ironie, lernte sie ihren späteren Ehemann kennen, mit dem sie ihre Reise-Begeisterung teilen und ausleben konnte.

Es war eigentlich nur eine Frage der Zeit bis zur Veröffentlichung der gemeinsamen kuriosen Erlebnisse - mit teils Filmreifen Szenen - in diesem ersten Teil der Buchreihe.